****
****
****
****
****

LE PONT DES MONDES

****
****
****
****
****

PATRICK ÉDÈNE

© : 2023 Patrick ÉDÈNE

Édition : BoD - Books on Demand, info@bod.fr
Impression : BoD - Books on Demand, In de Tarpen 42,
Norderstedt (Allemagne)

Impression à la demande

ISBN : 978-2-3225-3982-6
Dépôt légal : Juin 2024

**Nous sommes dans l'univers,
Donc, l'univers est en nous !**

Patrick Édène

**Écrire, c'est comme peindre
par des mots le tableau de son âme !**

Patrick Édène

PRÉSENTATION

Je précise, ci-dessous, les motivations qui m'ont fait choisir une forme poétique personnelle plutôt que celle à laquelle elle ressemble et qui est nommée classique.

Ce qui m'intéresse en poésie, c'est que les nombres réguliers des syllabes des vers et les fins de ces vers écrites en rimes font, pour ainsi dire, chanter les concepts des poèmes dans l'esprit de celui qui les lit. Ainsi, l'œuvre emporte le lecteur au cœur de mélodies sonores et conceptuelles qui peuvent alors faire écho au chant divin de son âme. La poésie libre étant le plus souvent sans rimes et sans nombres réguliers de syllabes, elle ne peut donc me convenir à l'instar de la poésie classique trop codifiée.

Par conséquent, j'aime que mes écrits riment, que les syllabes des vers harmonisent le poème et qu'ainsi les sons et les sens des mots s'unissent dans un accord étroit pour créer une symphonie poétique ! Cela exprimé, les règles que j'emploie faisant partie de la poésie classique, elles me confrontent à ses autres règles complexes que je considère excessives et que je ne cherche pas à appliquer. Ces règles ont été précisées et codifiées par François de Malherbe (1555-1628) et Nicolas Boileau (1636-1711), et ont donc été appelées la poésie classique.

Selon mon propre calcul, j'applique un même nombre de syllabes pour les vers d'un poème, les élisions qui sont les non comptages des syllabes des fins de mots en « e » devenant, ainsi, des syllabes muettes si elles se trouvent devant un autre mot qui commence par une voyelle et les rimes que j'essaie de rendre parfaites.

Mais je ne veux pas, par exemple, limiter ma créativité par les formes fixes de la poésie classique telles que sonnet, pantoum, ballade, triolet, villanelle, rondeau, rondel, lai, iambes et terza rima. Leurs structures pourraient réduire les possibilités des précisions conceptuelles que je jugerais primordiales pour mon œuvre. De temps à autre, certes, par plaisir du challenge ou par désir d'expérience personnelle, je peux choisir la base de l'un de ces modèles si j'estime pouvoir réussir à lui donner l'expression exhaustive de mon propos. D'ailleurs, j'invente, comme tout auteur de poèmes peut le faire, des formes qui peuvent devenir un jour, pourquoi pas, des formes fixes pour ceux qui les aimeraient.

Je ne me préoccupe pas des diphtongues, appelées diérèses pour lesquelles on compte deux syllabes dans les mots qui contiennent deux voyelles qui se suivent ; à mon avis, cette règle perturbe la beauté rythmique d'un vers contenant un tel mot, puisqu'à notre époque nous ne les prononçons pas en deux sons. Victor Hugo, par exemple, compta deux syllabes dans le mot « lion » de l'un de ses poèmes, mais peut-être qu'à son époque les gens prononçaient li-on. Je ne m'occupe ainsi que de la prononciation actuelle des mots qui ont deux et parfois trois voyelles qui se suivent et non des règles classiques à ce sujet. « Lion » et « mieux » sont des mots qui ne créent qu'un seul son, et par conséquent, qu'une seule syllabe. Quand il y a deux sons dans la prononciation contemporaine de tels mots, cela arrive, je compte évidemment deux syllabes.

Je n'applique pas l'obligation d'écrire un mot commençant par une voyelle quand le mot qui le précède se termine par une voyelle alors qu'il est placé à la césure d'un vers. Je ne m'oblige pas à écrire après un mot finissant par deux voyelles, un mot commençant par une voyelle ; même si je respecte que des poètes utilisent ce genre d'obligation pour penser qu'ils écrivent ce qui est l'idéal en poésie que je considère, pour ma part, défavorisé par ce genre de règle.

Je ne cherche pas à éviter les échos qui sont des mots aux sons qui se ressemblent et placés dans un même vers ou dans deux vers proches l'un de l'autre. Je ne m'occupe pas d'éviter les mots qui contiennent des hiatus qui sont, selon les règles classiques qui n'en tolèrent que quelques-uns, des heurts entre deux voyelles dans un ou deux mots tels que « aérée » et « il y a ». Si mon poème l'exige, j'unis une rime masculine à une rime féminine quand leurs sons et leurs sens enrichissent mon propos. Qui plus est, cela me semble ainsi correspondre à la loi la plus puissante de la nature ! Pour les mêmes raisons de richesse de sens, je ne me préoccupe nullement de l'interdiction de lier des rimes au pluriel et au singulier. Je rejette les licences que s'autorisent un peu facilement les poètes classiques qui changent ainsi l'orthographe des mots. Et j'évite le plus possible les enjambements, les rejets et les contre-rejets qui découpent les phrases en morceaux pour utiliser les derniers mots de ces parties de phrases en tant que rimes.

En ce qui me concerne, je tente simplement d'atteindre, à ma manière, la plus belle union possible de sens et de sons pour chacun de mes poèmes et j'espère, chère lectrice et cher lecteur, que vous penserez que j'ai eu raison !

POUR LE JOUR D'APRÈS

C'est trop souvent qu'un manque est le révélateur
De ce qui était habituel et bénéfique
Lorsqu'on oubliait d'en être l'admirateur,
Emporté dans des désirs devenus tragiques
Parce que l'esprit ne peut plus prendre le temps,
Dans sa course à tout, de voir qu'il en est content !

Voilà qu'il a fallu être en confinement,
Interdit de sortir de chez soi plus d'une heure
Pour réduire la pandémie, assurément,
Et sauver de chacun la vie et le bonheur ;
C'est alors que se fit la prise de conscience
Que nous sommes tous unis par la même alliance !

Ainsi, pour le jour d'après, j'ai une espérance,
Ou devrais-je écrire des vœux et des espoirs :
Que nous n'oublions plus, nous tous, dans des errances,
D'humer le parfum des fleurs pour s'en émouvoir,
De sentir la splendeur du monde jusqu'en soi,
D'apprécier les plaisirs simples qui font nos joies ;

De savoir, chaque instant, la chance magnifique
Que toute personne a de vivre avec les autres,
De saisir en tout, que la nature mirifique
Est le plus grand des trésors qui est bien le nôtre,
De respecter la valeur des petits métiers
En cessant d'avoir envers eux un air altier ;

D'être sûrs que nous sommes interdépendants
Et que le partage est la source des victoires
Nous accordant de ne pas être des perdants ;
Les soignants l'ont montré en faisant leur devoir,
Servant à notre nation, de brillant miroir
Où se reflète la gloire de notre histoire ;

De louanger, souriants, nos superbes enfants
Qui sont l'avenir de ce monde et de l'amour ;
De leur donner, le regard alors triomphant,
Autant de cœur qu'une mère emplie de bravoure,
A su durant neuf mois leur offrir tendrement
Pour les faire naître puis les aimer vraiment ;

De remercier le grand miracle de la vie,
Dont la complexité et la richesse immense
Permettent la réalisation des envies ;
D'admirer la magie grandiose des semences
Dont le savoir devenir, peut alors nourrir
Les peuples qui sans elles pourraient en mourir ;

D'écouter les silences au-delà des bruits,
Des violences et colères de l'ignorance,
D'aider parfois, ou pourquoi pas souvent, autrui
Pour alléger du monde le poids des souffrances,
De sauver et de chérir notre liberté
Dont le synonyme est le mot fraternité ;

De comprendre bien mieux l'isolement des vieux
Pour ne plus les ignorer ou les laisser seuls,
Car ils ont construit le pays en tous ses lieux,
Tout en sachant qu'ils finiront sous un linceul ;
Et de penser toujours que l'interdépendance
Procure, en vérité, les biens en abondance !

UN COUPLE D'AMIS

Ils sont tels deux sourires éternels
Venus se rencontrer en notre monde ;
Lui, grand, fort et beau, elle, blonde et belle !
Je les ai aimés en une seconde !

Dans la chaude région où ils demeurent
Au sud de notre merveilleux pays,
Ils connaissent désormais le bonheur
De trois splendeurs dont on est ébahi !

Devenus ainsi des parents aimants,
Ils rayonnent toujours plus de beauté
Que le premier jour qui les fit amants
Pour créer l'amour de leur unité !

C'est un grand honneur d'être leur ami,
Un cadeau du ciel qui bénit ma vie ;
Séparé d'eux par une pandémie,
De les revoir bientôt est mon envie !

Comme mon épouse, ils sont bienveillants ;
Remplis de tendresse pour notre terre ;
Honnêtes, courageux, l'esprit vaillant,
Ils nous éclairent dans les temps austères.

Lui robuste et brun, se nomme Mathieu,
Elle, fine et féline, c'est Perrine ;
Nul besoin d'être dans le même lieu
Pour que soient unies nos âmes divines !

L'amitié authentique est un trésor ;
J'ai la chance d'en posséder plusieurs
Qui sont pour mon existence, une aurore
Dont les rayons illuminent mon cœur !

LE HASARD

Rien ne se produit par hasard ;
Tout est vraiment intelligent :
Un requin, un paon, un lézard,
La faune, la flore, les gens.

Tout fonctionne par but précis ;
Il suffit de bien regarder
Chaque être et chaque chose aussi
Pour s'en trouver persuadé.

Le hasard n'est que ce qui est,
Dans la nature, non perçu
Dans ses causes et ses effets
Dont l'utilité est non sue.

C'est le mot que notre ignorance
Choisit pour remplir ses vides,
Si ce n'est cacher son errance
Pour ne pas avoir l'air stupide !

LES TRAVAILLEURS DU TEMPS

Quand vous portiez les outils de votre survie,
Vêtus des tissus de votre sombre misère :
Souvent des haillons n'égayant pas votre vie,
Vous construisiez nos villes au sein de déserts !

Vous pensiez que pour sauver votre droit de vivre,
Il vous fallait aussi travailler sous la terre
En attendant que le dimanche vous délivre
Des labeurs d'esclaves avant qu'on vous enterre !

Vous avez cru que vos parents avaient raison
De subir, sans fin, un tel asservissement,
Ne serait-ce que pour avoir une maison
Où manger puis dormir contre l'épuisement !

Alors vous avez reproduit leurs habitudes
Jusqu'à ce que vous ne puissiez plus supporter
Le poids de la torpeur et de ses servitudes ;
Et vous avez décidé de vous révolter !

C'est ainsi que des progrès sociaux se sont faits,
Par vos colères plus fortes que des discours
Et par la réduction du nombre des méfaits ;
Mais quand seront-ils réalisés par l'amour ?

ÊTRE QUELQU'UN

Comment peut-on devenir quelqu'un
En devenant célèbre et connu
Par un public qui n'est pas quelqu'un
Puisque ses membres sont inconnus ?

Moult acteurs pensent n'être personne
S'ils n'ont pas un succès important
Et, donc, désirent que pour eux sonnent
Les clairons de la gloire, longtemps.

Si l'on n'est pas quelqu'un en naissant,
Pourquoi les gens font-ils des enfants ?
Faut-il avoir du bleu dans son sang
Pour être dans sa vie triomphant ?

Quel manque a donc ce genre d'esprit ?
Celui de la conscience de soi !
Cela est évident et compris
Même si cette assertion déçoit !

Certes, des chanteurs ont du talent
Par lequel de grands fans les adorent ;
Mais qu'aiment-ils d'eux, en cet élan,
Qui leur fait gagner des monceaux d'or ?

D'autres célébrités, d'autres stars,
Illuminent par moment le monde ;
Le reste du temps, il est trop tard
Car sont commis des actes immondes !

Pourquoi ? Parce que ceux qui les font,
N'expriment pas de bons sentiments
D'ignorer quelqu'un en ce qu'ils sont
Par manque de juste jugement !

En quel siècle donc, chacun saura
Qu'il est autant que tous, valeureux
Et qu'il rayonne par son aura ?
À quand des peuples vraiment heureux ?

En quel temps soudain, sera gommée
Et effacée de l'esprit des gens,
L'idée qu'il faille, pour être aimé,
Avoir du renom et trop d'argent ?

Sur quel astre enfin, pourra-ton voir
Que le feu existe par ses flammes,
Et cette fois connaître ou savoir
Que Dieu n'existe pas sans ses âmes ?

MÉDITATION CÉLESTE

Plus loin que lui-même, l'univers vit encore ;
Il projette partout son sublime décor ;
Les galaxies sont, par leurs étoiles, son corps
D'où émane le chant de ses parfaits accords.

Pour voguer sur les ondes de sa mer cosmique,
Peu importe l'enseignement astronomique
Ou l'acquisition d'un diplôme académique,
Juste avoir du ciel une vue panoramique !

Pour contempler de ce lieu, son infinitude,
Nul besoin d'avoir suivi de longues études
Ni d'avoir déjà limité nos certitudes,
Juste laisser l'esprit quitter ses habitudes !

Puis en laissant nos pensées se mêler à lui,
Ou s'unir à tel astre ou tel autre qui luit,
Sentir le centre de soi éclairé par lui,
Comme un diamant nettoyé qui enfin reluit.

MÉTAMORPHOSE

Lentement, patiemment, elle active ses mandibules
Et découpe la feuille qu'elle a choisie de manger
Pour nourrir son corps de chenille qui, là, déambule
Ou semble flâner sur un rameau, sans peur du danger.

Est-ce par sa lenteur, découragée de la subir,
Qu'elle décide, un beau jour, de créer sa chrysalide
Dont le processus insolite ne peut qu'ébahir
L'esprit pragmatique et bien évidemment non stupide ?

De ce choix magique, sa nymphe alors se réalise
Selon le dessin intérieur qu'elle a imaginé
Pour chacune de ses parties, qui se matérialise
Et lui permet, alors, d'être une seconde fois née.

Puis, à l'aurore d'un nouveau jour, son abri s'entrouvre
Comme une fleur ouvrant sa corolle en offrant son cœur
Au soleil qui vaillamment l'illumine et la découvre ;
Et un merveilleux papillon s'en dégage en vainqueur !

Telle une fleur volante qui déploie soudain ses ailes,
Il se dépose sur le vent qui passe près de lui
En soufflant plus vite qu'une personne qui anhèle,
Et, libre, il disparaît avant que ne tombe la pluie !

AU RESTAURANT SOCIAL
EN 2020

Oh terrible monde dans lequel je suis né,
Où s'empiffrent de mets goûteux les sénateurs,
À la cantine du Sénat pour prédateurs
Qui privent les citoyens de leurs droits innés !

L'excellent reportage « Pièces à convictions »
L'a révélé sur les ondes de « France Trois »,
Télévision du peuple et non celle des rois,
Qui démontre que ce n'est pas une fiction.

Seulement seize euros quarante-cinq en coût
Pour savourer de délicieux plats, à outrance,
Cuisinés par les meilleurs ouvriers de France,
Et s'en remplir alors la panse jusqu'au cou !

Simple, la Cour des comptes ne contrôle rien
Au Sénat ou à l'autre assemblée nationale
Qui peuvent, de manière pour elles, banale,
Se gaver aux frais des gens qui n'en savent rien.

De plus, l'État subventionne cette débauche
En versant des centaines de milliers d'euros,
Pour que ces banquets finissent par de bons rots
Qui résonnent sur les ouvriers qu'on débauche !

Mais soyons compatissants, car un sénateur
N'a que sept à dix mille euros comme salaire,
Et six mille euros de plus pour frais de galère
Puisqu'est difficile d'être un législateur !

Et puis soyons contents, car les Restos du Cœur
Sont là pour tous ceux qui n'ont pas de quoi manger,
Évitant ainsi que les choses soient changées
Et que les miséreux montrent trop de rancœur !

LES CHÂTEAUX DU MOYEN-ÂGE

On les appelle des châteaux-forts ;
Ils dressent, fiers, leurs grandes murailles
Plus hautes que les grands dinosaures
Qui semblaient ne point avoir de faille.

Leur masse aux créneaux protecteurs,
Savaient dévorer les ennemis.
Leur stature, à l'instar des lutteurs,
Révèle qu'ils étaient insoumis.

Comme de gigantesques falaises
Entourées de fossés dangereux,
Ils mettaient de suite mal à l'aise
Autant les braves que les peureux.

De nos temps encore, leurs vestiges,
Tels des colosses intemporels,
Imposent une sorte de vertige
Aux effets semblant surnaturels !

Ils imprègnent tant leur territoire
De leur puissance qui fut statique,
Qu'ils laissent, au monde, pour l'histoire,
Des preuves de leurs combats épiques !

Ils sont sur les monts où ils se dressent,
L'héritage des siècles passés
Qui démontrent fièrement l'adresse
Des bâtisseurs des ans effacés.

Contemplons-les sans penser aux guerres
Qui les ont glorifiés ou vaincus ;
Et voyons le génie de naguère
Briller encore de ce qu'il vécut !

MÉDITATION FORESTIÈRE

Voyez le ruisseau qui glisse dans la forêt,
S'écoulant de son limpide flot, sans arrêt,
Et qui creuse le sillon dans lequel il court
Pour faire voyager son eau en son parcours.

Sentez les narcisses épanouis près de lui,
Qui longent ses rives en s'abreuvant de pluie
Et qui colorent son périple de leur joie,
En l'accompagnant alors le long de sa voie.

Entendez les oiseaux qui chantent leur refrain
En suivant le rythme constant de son entrain,
Et le doux bruit de leurs ailes quand, en leur vol,
Ils suivent sa course pouvant sembler frivole.

Touchez, en pensée, l'étreinte de sa fraîcheur
Que viennent parfois craindre de frileux pêcheurs ;
Et lavez votre esprit en sa limpidité
Qui reflète de la nature, la beauté.

Puis en conscience, buvez sa tendre saveur
Pour purifier votre corps en serein rêveur ;
Et ressentez sa paix créer la vôtre, enfin,
Par l'essence cosmique sans début ni fin !

LES COQUELICOTS

Ils sont d'une grande splendeur lorsqu'ils bougent,
Frôlés par la bise, leurs pétales rouges,
En appelant les regards de leur couleur
Qui sait mettre le paysage en valeur,
Mieux qu'un peintre qui les imite parfois
En les déifiant pour leur offrir sa foi.

Leur famille de fleurs se nomme pavot
Et leur tige velue leur sert de pivot ;
Ils forment, dans les champs, d'immenses tapis
De coupes qui sont, entre elles, des copies
Dont la forme parfaite contient un fruit
Qui porte, en lui, un suc laiteux qui détruit.

Ce qui est une beauté dans la nature,
Peut être une dangereuse créature
Qui contient une substance narcotique
Dont les résultats, pour le corps, sont toxiques.
Mais Ève fit croquer à Adam, la pomme
Pour que du mal, le bien soit connu de l'homme !

RELIGIONS

Un escalier, marche après marche, élève par niveau ;
Un ascenseur évitant les efforts pour ça, le vaut
Tout comme une échelle le permet avec ses barreaux,
Ou une corde, surtout si elle a des nœuds très gros.
Le but est semblable et la façon est bien adaptée
Selon le lieu, le besoin ou le plaisir pour monter.
La destination est en conséquence, similaire
Dans le choix décidé de se hisser plus haut en l'air !

C'est une allégorie expliquant bien les religions,
Peu importe leur pays d'origine ou la région.
Est donc erroné qu'elles fassent entre elles des guerres
Ou qu'elles en firent tant, récemment comme naguère.
Quel que soit le moyen d'évolution qu'on utilise,
C'est l'objectif qui valorise ce qu'on réalise
Et qui démontre, avec certitude, l'état d'esprit
Dans lequel on travaille ou prie mais jamais à tout prix !

Ainsi dit, tous les religieux paisibles sont des frères
Au moins de conscience, même s'il est dit le contraire ;
Comme le sont tous les êtres de la terre, en substance,
D'avoir reçu le souffle de Dieu pour leur existence ;
C'est pourquoi toutes les religions méprisant autrui
Lorsqu'il n'accepte pas un de leur dogme qui détruit,
Par son intolérance ou sa malveillance, la paix,
Disparaîtront dans le futur au profit du respect !

LES FIGURANTS DE FRANCE

Certains disent qu'ils ne font pas vraiment un métier
Puisqu'il leur faut simplement être là sans parler ;
Idée très réduite dont je vais vous dévoiler
La malveillance qui les dénigre sans pitié !

Ce que demande, en général, un metteur en scène,
C'est que les gens, autour des acteurs, soient naturels
Dans leurs nombreux gestes et mimiques corporels
Qui devront correspondre à l'ambiance de la scène.

Il est important de noter que ceux qui le font,
Ont l'habitude d'exprimer leur liberté d'être
Qu'ils doivent, soudain, limiter à ne presque plus être ;
Cela fait que par moments, chacun d'eux se morfond !

Le plus difficile est de recevoir le mépris
De la part des assistants armés de vanité,
Dont la bêtise et le grand manque d'humanité
Révèlent, sans en douter, qu'ils sont des malappris !
D'innombrables fois je les ai entendus hurler
Pour diriger les employés de figuration,
Les traitant comme du bétail par une ambition
Qui leur donne des ailes sans qu'ils puissent voler.

Une autre fois, j'ai entendu un technicien dire
Que, puisque les figurants sont privés de paroles
De n'avoir pas été embauchés pour quelque rôle,
C'est qu'ils sont, certainement, des idiots à maudire.

…/…

La profession des gens est-elle tout ce qu'ils sont ?
Un maçon n'est-il capable que de ce qu'il fait
Lorsqu'il construit des sols et des murs droits et parfaits ?
Un chanteur n'est-il que ce qu'expriment ses chansons ?

Le piège mental principal est la confusion
Entre les acteurs de la vie et ceux des écrans
Dont l'emploi, trop grandement payé, est consacrant
Par des images rendant réelle une illusion.
Alors, les comédiens parlant face aux caméras
Qui enregistrent ce qu'ils jouent avec compétence,
Font croire que les figurants n'ont pas d'importance
Puisqu'ils sont discrets dans l'histoire qu'on aimera.

Ainsi, considérés seulement tels des décors,
Des mouvements vaguement humains dans le lointain,
Les réalisateurs croient qu'ils sont des gens éteints
Ou qu'ils ne sont, concernant leur être, que des corps.

Pourtant, on leur demande de vraies capacités :
De savoir se mouvoir avec réalisme et aise,
Et de mimer des émotions afin qu'elles plaisent
Pour faire vivre, en tant que fantôme, l'humanité !

Pire, leurs émoluments ne cessent de baisser
Car tous les producteurs, réalisateurs et stars,
Subventionnés par l'État, amassent des milliards,
Et ce n'est plus que peu d'euros qu'on peut leur laisser !

Parfois, on leur demande de dire quelques mots
Comme des miettes de pain jetées à des canards,
Mais sans les payer mieux puisqu'ils sont tous des connards
Qu'on ne considère pas comme des gens normaux.

Souvent, on ne paie plus leurs heures supplémentaires
En disant : c'est ça ou on ne vous embauche pas !
Maintes fois, les vedettes ne les regardent pas
De savoir qu'elles touchent mille fois leur salaire ;
Est-ce par honte de penser ne pas le valoir
Ou par dédain parce qu'elles les jugent sans valeur ?
Peut-être par crainte qu'ils soient, en fait, des râleurs
À force d'être bafoués sans plus le vouloir !

Beaucoup d'artistes ont cette activité pour vivre
En complétant leur art principal peu lucratif.
D'autres la font une fois, par plaisir additif
Quand encore d'autres l'utilisent pour survivre !
Des comédiens y participent comme obligés,
Afin d'être connus par des réalisateurs
Qui pourraient, un jour, les employer en tant qu'acteurs ;
Grande erreur, car aussitôt ils en sont mal jugés !

De nombreuses fois, lors des repas, j'ai constaté,
Ce que j'ai refusé de ne pas être leur chien,
Que les figurants, au contraire des techniciens,
Devaient se nourrir de mets de pauvre qualité.
On leur interdit de manger avec les acteurs
Comme, aussi, avec les employés de mise en scène
Dont la nourriture, riche de manière obscène,
Ne se partage pas avec de vils profiteurs !

Heureusement, quelquefois des réalisateurs
Ont, envers les figurants, de la reconnaissance,
Conscients que c'est aussi par eux qu'un film prend naissance
Et rend heureux, dans les cinémas, des spectateurs.
J'ai participé à ce travail durant vingt ans ;
J'ai pu ainsi, malgré ce mépris, être chanteur
Tout en servant ce noble art, mais non ses dictateurs
Qui n'ont pu m'empêcher d'être un artiste content !

LA CASCADE DE L'AVIDITÉ

Cela commence au sommet de la chute,
À la source floue des avidités
Des grands possédants qui, sans arrêt, luttent
Pour s'enrichir plus dans l'impunité !

Ils ont tant d'argent qu'ils ont un pouvoir
Dont ils se servent pour acheter tout :
Les lieux, les choses qu'ils veulent avoir
Et les gens pouvant leur servir d'atout !

En dessous, il y a leurs serviteurs
Qui les jalousent et s'enrichissent d'eux,
Travaillant, tels des petits dictateurs,
À spolier tout quidam, même les gueux !

Un peu moins haut dans le flot des cupides,
S'activent ceux qui, étant moins nantis,
Font que d'autres qu'eux aient leur compte vide
Pour qu'augmente ce qu'ils ont investi !

Puis plus bas, il y a les nouveaux riches
Enivrés par leur puissance illusoire,
Qui nient autrui dont ils se contrefichent
Puisque leur charité est dérisoire !

Plus bas encore, fourmillent les foules,
Non aisées par manque de bons partages,
Qui parfois s'excitent et se défoulent
Puis redeviennent taillables et sages !

Ces peuples qui n'ont toujours pas compris
Que rêver d'être en haut de la cascade,
Crée le piège dans lequel ils sont pris
Malgré leurs constructions de barricades !

Et tout en bas est le gouffre aux noyés,
Cadavres de la guerre économique,
Qui flottent, aux chairs et aux os broyés
Par les remous d'un tel sort dramatique !

AVEU ARTISTIQUE

C'est le mois de juin de l'année deux mille vingt.
Depuis trois années, je fais le travail non vain,
D'écrire des poèmes pour l'humanité
Sans vouloir en commettre quelque vanité.

J'ai, ainsi pour ce faire, décidé de lire
Ce que les grands auteurs avaient tous à nous dire
Et ce que les poètes contemporains disent,
Tout en évitant ceux qui vilement médisent.

Je ne peux désormais qu'avouer ce qui suit :
L'art passé est plus grand que celui d'aujourd'hui.
Ce dernier, souvent, veut éblouir sans lumière
Avec des mots que seul l'orgueil peut rendre fier !

Suffit-il de faire des vers très courts ou vides,
Pour que cela crée une poésie solide
Dans laquelle ne s'enlisent pas les lecteurs
Qui peuvent, par elle, prendre de la hauteur ?

Des écrivains notoires des siècles passés,
Dont la gloire n'a pas pu être dépassée,
Avaient le génie des métaphores en vers
Et de révéler les trésors de l'univers.

Leur français méticuleusement respecté
Avait la puissance de montrer la beauté,
Fut-elle cachée dans un creuset linguistique
Qu'ils mirent en exergue par l'œuvre artistique.

Mais j'avoue pourtant que des auteurs de nos jours,
Apparemment peu nombreux, savent mettre au jour
Un savoir d'écriture au talent ingénieux
Envers lequel je ne peux être dédaigneux.

Inventons, innovons, étonnons et créons
Des poèmes éclairant bien plus que les néons
Par des vers taillés tels des diamants judicieux,
Autant brillants que les étoiles dans les cieux !

L'ÉGOÏSTE

L'égoïste veut la perfection en autrui
Pour que ses désirs soient réalisés par lui ;
Il ne cherche des défauts qu'en ses partenaires
En oubliant que les relations sont binaires.
Pour ses difficultés, il réclame de l'aide
Mais pour les bienfaits, ce n'est que pour lui qu'il plaide,
Étant donné qu'avant tout, c'est lui qui importe
Et que c'est de cette façon qu'il se comporte.

Quand il est au paroxysme de son élan,
Il emploie la totalité de ses talents
Sans se préoccuper de tout ce qu'il détruit,
Ni du sort malheureux de ceux auxquels il nuit.
C'est ce genre d'attitude qui pollue le monde
Afin que l'égoïsme, par actes immondes,
Se gave de tous les trésors de la planète
En ignorant ceux qui se trouvent dans la tête.

Pourtant, un égoïste demeure innocent
Puisqu'un être, quel qu'il soit, de chair et de sang,
Est animé par la conscience universelle
Qui, en s'incarnant, devient individuelle.
Par conséquent, un individu est un centre
Où ses émotions et sentiments se concentrent
Et où ses perceptions parviennent ordonnées,
Pour y former l'égo isolé d'être né.

Ainsi, chaque personne est un soi telle une ile,
Dans l'océan cosmique et dans le temps qui file,
Assailli par les vagues de ses expériences
Desquelles il devra en retirer quelques sciences.
Se croyant alors esseulé en ce lieu d'être
Par lequel il doit tout apprendre et tout connaître,
Il s'est séparé du reste et de l'univers
De ne savoir de lui que l'endroit sans l'envers.

C'est la cause de devoir découvrir l'esprit
Pour y sentir et voir que tout y est compris ;
Que chaque individu s'y trouve uni aux autres
Et qu'est donc vrai tout ce qu'enseignaient les apôtres.
Peu à peu, par l'étude et la méditation,
Sans que soit obligatoire une dévotion,
L'amour pour l'ensemble des êtres est ressenti
Et l'égoïsme en est de plus en plus petit !

LES CONSEILS EN ART

L'humilité semble impliquer d'office,
Qu'il faille accepter d'être conseillé
Par quelqu'un qui le ferait sans malice
Avec des mots clairement employés.

Créer n'est pas une modeste affaire,
Souvent, cela est même difficile
Et est la cause de ceux qui préfèrent
Critiquer en souriant car c'est facile.

La question, c'est de vraiment être sûr
De ce que désire le conseilleur,
Car, en matière d'art, ce qui rassure
Est que l'objet créé soit le meilleur !

Parfois, les conditions sont chaotiques
À entendre les différents conseils
De la meute de quidams qui critiquent,
Sans que leurs nombreux avis soient pareils.

Savoir écouter ce que dit autrui
En préservant la liberté de choix,
Peut faire naître pour l'œuvre, des fruits,
Tant que sa façon, à l'artiste, échoit.

Une création n'est donc authentique,
Témoignage vrai de son créateur,
Que si c'est l'autonomie esthétique
Qui l'a manifestée par son auteur.

Un conseil en art est bien, s'il devient
Une prise de conscience évidente
Que ce qu'il révèle est ce qui convient
À celui qui l'accepte et s'en contente.

Toute aide, hormis un guide technique,
Est le plus souvent une dictature
De la part de ceux qui sont despotiques
Et forcent l'œuvre à être une imposture !

VÉCU EN JUIN 2020

Pensant, ce soir, aux obstacles de diffusion
De mes œuvres chantées et de celles écrites,
J'ai pensé, en état d'esprit de confusion,
Devoir abandonner ma passion qui s'effrite
Puisque d'autres créateurs réussissent bien
À réaliser, avec leur public, un lien.

Il y a tant de gens qui ont un grand talent,
Tant de personnes capables d'intéresser,
Tant d'excellents artistes au formidable allant
Que je peux donc laisser ma place et tout cesser ;
Mais j'ai entendu mes pensées ou ma conscience
Dire que je dois faire preuve de patience.

Et s'y ajouta que plus nous sommes nombreux
À vouloir partager des idées bienveillantes
Afin que les autres en soient donc plus heureux
Et, cela ,sans une volonté défaillante,
Plus l'humanité peut en devenir meilleure
Et se libérer des souilleurs et des pilleurs !

Par ce constat honnêtement fait à moi-même,
J'ai retrouvé l'envie d'écrire patiemment
Ce livre qui présente mes nouveaux poèmes
Au lecteur qui les découvre présentement ;
Je souhaite que ces quelques idées parviennent,
En tout respect, à lui prouver qu'elles sont siennes !

UN BEAU-FRÈRE

Il est le frère que mes parents n'ont pu faire
Mais que l'une de mes sœurs, ainsi, m'a offert
En se mariant avec lui pour me le donner,
Comme s'il était convenu pour ma destinée !

L'Italie et la France coulent dans ses veines ;
Sa bonne humeur soulage et apaise les peines.
Comme moi, il a le verbe haut par passion
Mais sans dominer les autres sous sa pression !

Mon enfance a souvent brillé par son hardiesse
Et son humour joyeux qui provoquent nos liesses.
Sa bienveillance, pour sa famille ou les siens,
Est comme un phare qui les guide vers le bien !

Il est de ceux qui me permettent de penser
Qu'il faut exister malgré les maux du passé,
Et qui ne me fait pas regretter d'être* né !
En moi résonne toujours son prénom : René !

TOUS UN

Celui qui pense que sa couleur de peau est la meilleure,
Celle qui croit que ses larges yeux bleus sont les plus jolis,
Et ceux qui imposent leur langage, en maints lieux et ailleurs,
Sont contre l'humanité et par conséquent l'humilient !

Celui qui dit que sa religion est celle qui est vraie,
Celle qui affirme que son savoir est celui qui vaut,
Et ceux qui clament que leurs mœurs, seuls, ont vraiment de l'attrait,
Sont contre l'humanité et ce qui en elle prévaut !

Celui qui enlève à autrui sa liberté et ses droits,
Celle qui possède beaucoup pendant que d'autres n'ont rien,
Et ceux qui spolient leurs semblables, tels des voleurs adroits,
Sont contre l'humanité et sont d'exécrables terriens !

Car l'humanité est issue du génie de la nature
Qui a su adapter ses corps aux conditions des régions,
Comme le sens des mots et les formes de ses écritures
Pour exprimer le trésor de ses aspects qui sont légion !

Car l'humanité provient de la même source de vie
Contenue à l'intérieur des aliments de sa pitance
Et dans la pure essence du soleil dont l'éclat ravit,
Faisant donc subodorer que l'univers est sa substance !

Car l'humanité reçoit ainsi en toute égalité,
Pour elle entière, les mêmes richesses universelles
Qui lui prouvent que la justice et la solidarité
Ont été créées et prévues authentiquement pour elle !

Ce ne sont que ceux qui profitent, par leurs lois des plus forts,
De la majeure partie des conforts offerts par la terre
Qu'ils enferment uniquement pour eux, dans leurs coffres-forts,
Qui empêchent le partage des dons divins qu'ils altèrent !

Chaque être humain est fait des mêmes éléments de matière
Et du même air inspiré par l'esprit non encore saint,
Que tout autre dont il a, ainsi, les mêmes père et mère
Qui font que sur cette belle terre, nous sommes tous un !

HOMMAGE AUX MARINS

Écoutez le chant des âmes des marins morts
Qui n'ont pu revenir, en souriant, jusqu'au port,
Que le vent du large nous apporte en son sac
Pour nous le livrer dans les bruits sourds du ressac !

Entendez le courage de ces gens des mers
Qui ont versé leur sueur et leur sang amer,
Luttant contre les colères des océans
Qui les ont engloutis dans leurs sombres néants !

Voyez briller leur volonté dans les embruns
Dont les gouttes reflètent aussi le chagrin
De leurs épouses, esseulées, pleurant encore
De n'avoir pu se recueillir devant leurs corps !

Et honorez leur labeur aux outils à mailles,
Qui avaient pour but que puissent faire ripailles
De fruits de mers, de poissons et de crustacés,
Les peuples affamés qui n'en ont pas assez !

Puis lorsque le silence couvrira les vagues
Peintes par la lune ronde comme une bague,
À la douce lueur ou tendrement naissante,
Ayez pour eux, une pensée reconnaissante !

LES DÉPORTÉS

Dans la fraîche brume de l'hiver approchant,
Les roues des wagons crissaient, vieilles et rouillées,
Semblant gémir par les sons d'un lugubre chant
Dont la stridence atteignait les feuilles mouillées,
Dans cette forêt noire et percée par des rails
À la façon d'un sol fendu par une faille.

Le train infernal roulait vers l'horrible mort
Qui attendait son chargement de chair humaine
Dont les bourreaux avaient condamné, sans remords,
Les âmes à souffrir de l'oppression de la haine,
Sans que leur râle ne soit alors entendu
Des pays dont le véto était attendu !

Puis le convoi parvenu à destination,
Celui-ci vidait ses entrailles, de ses gens
Ainsi privés de liberté et de nation,
Spoliés de leurs bijoux, de leur or ou argent
Et forcés de se dévêtir pour qu'étant nus,
Ils meurent d'un malheur jusque-là inconnu.

Leurs tourments rodent encore dans les brouillards
Et sur les vieilles cendres des fours crématoires,
Rappelant qu'ils furent, à vingt ans, des vieillards
Par leurs corps émaciés qui ont marqué l'histoire,
Et que l'humanité doit combattre ses torts
Pour rendre, enfin, justice aux vivants et aux morts !

POUR ÉCRIRE UN POÈME

Pour faire un poème, il faut une rhétorique
Qui soit maîtrisée de la part de son auteur ;
Qu'elle soit la prosopopée, belle technique,
Ou le zeugma qui est agréable au lecteur.

Les poètes aiment les vers allégoriques,
Par conséquent aussi les belles métaphores
Dont étaient amateurs les écrivains bibliques
À l'époque antique où l'on faisait des amphores.

Mais il faut aussi que le propos soit épique
Ou pour le moins, qu'il ait en lui de l'éloquence
Afin d'avoir le pouvoir par cette pratique,
D'émouvoir et de bien convaincre en conséquence.

Plus encore parfois, connaissance empirique,
Est utile de montrer une âme subtile,
Car le liseur veut quelque chose de magique
Qui soit pour l'esprit, une semence fertile.

Enfin, plus que tout et qui n'est pas théorique,
Il faut vraiment désirer se faire plaisir
Et être, en cet acte pour autrui, sympathique
Afin que sa lecture comble son désir !

LA FOULE

Dans les rues pavées, juchée sur des barricades,
Hurlant sa contestation envers les pouvoirs,
Luttant contre ceux lui tendant des embuscades
Et bravant les balles qu'elle peut recevoir.

Marchant en rangs serrés pour protester ainsi,
Clamant des slogans de demandes de justice,
Parfois même, décidant de s'asseoir aussi
Pour réclamer plus de vertus et moins de vices.

Quelquefois muette en l'honneur de l'un des siens
Qui est emprisonné entre des murs épais,
Refusant les guerres vécues par les anciens,
Morts pour on ne sait quelle gloire et fausse paix !

Puis en liesse au spectacle d'un brillant chanteur,
Fêtant des victoires contre des désaccords,
Acclamant comme s'il était un roi, un acteur,
Et toujours une en ne formant plus qu'un seul corps.

Elle finit sa course aux urnes pour voter
Et se divise, alors toujours, comme naguère,
En ne votant plus l'amour ou la liberté
Parce qu'elle en a perdu son instinct grégaire !

LA FEMME

Dans ses yeux lumineux tels des lacs de tendresse
Dont tous ceux qui les voient reçoivent les caresses,
Pétille la magnificence de son âme
Qui l'anime pour qu'elle en devienne une dame.

Partout elle diffuse la féminité,
Au gré de ses innombrables activités
Où les effluves de ses énergies secrètes
Parfument la vie tout en demeurant discrètes.

Elle est la moitié de ce qu'est l'humanité
Et ne se révèle qu'au cœur d'humilité,
Dans le miroir des prodigieuses différences,
Quand son opposé se dégage des errances !

Ce n'est qu'à l'esprit respectueux qu'elle s'offre,
Restant comme un trésor enfermé dans un coffre
Pour l'envie masculine obsédée par le corps,
Qui ignore, avant tout, que l'amour est l'accord !

En chaque personne féminine elle est là,
Vibrant d'existence en ce précieux postulat
Qui démontre que les hommes doivent apprendre
La vérité qu'ils sont, afin de la comprendre.

Quelles que soient ses couleurs ou ses apparences
Et les choix faits envers elle par préférences,
C'est elle qui porte le fruit de l'avenir
Pour que chacun puisse exister et devenir.

Et même si elle ne crée pas de naissance
Par quelque fait dont on a ou non connaissance,
Elle sera toujours l'une des deux parties
Qui créent sur la terre, de Dieu, la dynastie !

LES MILLIARDAIRES

Les milliardaires disparaîtraient de ce monde,
Que les immeubles seraient encore construits,
Que le soleil brillerait toujours de ses ondes
Et que les trains produiraient sans cesse leurs bruits !

Les milliardaires partageraient leurs butins,
Que les commerces vendraient toujours leurs produits,
Que les héros vivraient encore leurs destins
Et que le jour finirait sans cesse à la nuit !

Les milliardaires seraient interdits sur terre,
Que celle-ci tournerait encore sans fin,
Que les fleurs embelliraient toujours des parterres
Et que les mets calmeraient sans cesse les faims !

Les milliardaires seraient divisés par mille,
Que les usines auraient toujours des emplois,
Que les peuples vivraient encore dans les villes
Et que les pays feraient sans cesse leurs lois !

Les milliardaires perdraient presque tout leur or,
Que les nations en auraient encore pour elles,
Que les peuples chercheraient toujours leur trésor
Et que leurs âmes brilleraient sans cesse belles !

Les milliardaires quitteraient cette planète,
Que les gens généreux seraient toujours meilleurs,
Que d'autres bienveillants seraient encore honnêtes
Et qu'ils seraient bons sans cesse là ou ailleurs !

Les milliardaires n'auraient jamais existé,
Que chacun toujours et encore aurait vécu,
Que la vie encore et toujours aurait été
Et que l'amour aurait sans cesse tout vaincu !

CHACUN ET CHACUNE DE NOUS

Enlevez en pensée, ses vêtements
Comme ses chaussures évidemment,
Car ce ne sont pas eux qui le font être
Au contraire des feuilles pour un hêtre.

Chassez de la mémoire, son chapeau,
Ainsi que de son pays, le drapeau,
Car ce ne sont pas eux qui l'ont fait naître
Ni même, en ce lieu terrestre, apparaître.

Rayez en vous, l'idée de son langage
Et celle de la foi où il s'engage,
Car ce ne sont pas eux qui le font vivre,
Même si le mysticisme délivre.

Oubliez l'apparence de sa peau,
Ainsi que celle de ses oripeaux,
Car ce ne sont pas eux qui la font digne
Ou indigne à recevoir quelque insigne.

Laissez ses actions bonnes ou mauvaises,
Ainsi que son aspect maigre ou obèse,
Car ce ne sont pas par eux qu'elle existe,
Même si elle œuvre pour qu'ils persistent.

Effacez de votre esprit, vos avis,
Ainsi que vos jugements sur sa vie,
Car comme lui, elle est en vérité
Un corps et une âme pour exister ;

Ces deux parties sont leur seule fortune
Et, comme vous, deux splendeurs qui font une ;
Voilà leur véritable identité
De frère et de sœur de l'humanité !

L'enfant qui vient de naître est déjà lui
Et, dans ses yeux, déjà son âme luit ;
Fille ou garçon, à lui seul, il est tout
Et de Dieu, en notre monde, l'atout !

LES PREMIERS HOMMES

Ils ont marché sur les sols de contrées terribles,
Sans connaître à l'avance, les chemins possibles,
En petit groupe, comme une seule famille,
Ne pouvant former une foule qui fourmille.
Ils ont dormi dans des grottes et des cavernes,
À la manière des animaux qui hibernent,
Pour se protéger des autres bêtes cruelles
Et des sinistres menaces continuelles.

Alors, ils ont inventé des armes en pierre
Et pour le soir venu, des sortes de prières,
Afin de s'apaiser et d'espérer toujours,
Malgré les dangers constants advenant le jour.
Par la foudre du ciel, ils ont pu découvrir
Le feu réchauffant évitant de se couvrir,
Qui éclaire comme les rayons du matin
Et qui cuit le gibier prévu pour le festin.

Tout leur montrait que c'était la loi du plus fort
Qui récompensait par le succès, les efforts ;
C'est ainsi qu'il y eut, au sein de leurs tribus,
Des soumis et des dominants fauteurs d'abus.
Le monde d'aujourd'hui en subit les séquelles,
Dont il est inutile de dire lesquelles,
Tellement il ressemble à celui de ces temps
Par tous ceux qui asservissent et tuent autant !

N'y a-t-il donc pas eu de progrès véritable
Ou évident en nos années, voire notable ?
Il est indubitablement connu que oui
Même si cette évolution n'est pas inouïe !
On ne peut donc qu'accepter cet état de fait,
Tout en pouvant indiquer qu'il n'est pas parfait ;
On peut aussi remarquer que dorénavant
L'homme vit par milliards au contraire d'avant.

Mais les premiers hommes n'étaient que les suivants
Car, avant eux, d'autres furent aussi vivants
Et avaient conquis une grande évolution
Par des sciences comme par des révolutions ;
Certains d'entre eux maîtrisaient des pouvoirs divins,
Contrôlaient l'énergie et étaient des devins.
Mais cela ne suffit pas et tout fut détruit,
Par avidité, dans des guerres et leurs bruits.

Alors vint le temps des hommes préhistoriques
Jusqu'à nos jours qui sont de plus en plus tragiques !

ÉCRIRE EN VERS

Ne pas confondre une phrase, unité de sens,
Et un vers qui est, lui, une unité métrique ;
L'intérêt étant que les deux aient du bon sens
Et que chantent, à l'esprit, les accents toniques.
Il est important de connaître l'élision,
Car elle respecte le langage parlé
Qui fait des voyelles, des sortes d'illusions
Quand les « e » à la fin des mots sont exhalés.

La diphtongue qui sonne tel un puissant gong,
Ne s'entend qu'une fois si c'est une diérèse,
Au contraire de celle qui, comme au ping-pong,
S'entend deux fois puisque c'est une synérèse.
Sachons que deux voyelles unies dans un mot,
En son début, en sa fin ou en son milieu,
Comme le vers précédent en son dernier mot,
Émettent rarement deux sons, ce qui est mieux !

Éviter les chevilles est un choix savant,
Car inclure des mots pour faire des syllabes,
Est un exercice de style décevant
Et fait marcher le vers de travers comme un crabe.
Les licences en poésie paraissent ternes,
Telles des tricheries de la part de l'auteur,
Faisant mal passer des vessies pour des lanternes
En pensant peut-être qu'est idiot le lecteur !

Il est possible, concernant les hémistiches,
Comme les césures dont elles sont issues
Par les vers divisés en deux, que l'on s'en fiche
Puisque souvent, elles passent inaperçues.
Il est probable de ne pas aimer, de même,
Les enjambements, rejets et contre-rejets
Qui découpent les phrases de certains poèmes
Et font perdre pour rimer, l'idée du sujet.

Facile est d'apprécier les ellipses pratiques,
Car elles gomment les répétitions futiles
Qui distendent le propos, tel un élastique,
Le rendant lassant par un écho inutile.
Pourtant, toute façon d'écrire est respectable
Puisque tout poète invente une poésie ;
Et c'est au lecteur, ce qui est indiscutable,
De l'aimer ou non avec ou sans frénésie !

DU PEU AU TOUT

Le temps, par degrés, crée l'évolution de l'homme,
Ce pourquoi il fallut qu'Adam mangeât la pomme ;
Entouré de pilastres qui portent son temple,
Il doit rendre son esprit de plus en plus ample
En méditant au sujet de la vie sur terre,
Afin d'en comprendre les causes et les mystères.

Le parcours est dantesque puis soudain s'éclaire
Comme les nuages où apparaît l'éclair !
À chaque niveau, les expériences s'imposent,
Dures comme les statues antiques qui posent,
Et sublimes comme elles et leurs créateurs
Qui enseignèrent autant que les orateurs.

Fait par fait, constat par constat, science par science,
Le retour à l'âme se fait par la conscience,
Surtout par des pratiques de méditations
Qui génèrent de magnifiques perceptions.
L'élévation de soi est un travail constant
Qui n'interdit pas des plaisirs rendant content.

Il est meilleur de comprendre par des études
Que par des souffrances, c'est une certitude.
C'est plus qu'un voyage entre le mal et le bien
Car c'est voir, entre l'homme et la femme, le lien
Qui a tout créé dans le monde et la nature
Pour le retour, à Dieu, de ses deux créatures !

ANALOGIE POÉTIQUE

Lentement et bellement, l'oiseau fait son nid
Avec grand art, ce que personne ne dénie,
Et le poète fait de la même manière,
Son œuvre en rimes dont l'amour est la bannière.

Le bec assemble entre elles, des brindilles fines,
Le stylo, lui, de belles idées qu'il peaufine
Et le tout devient savamment ce qu'il doit être :
Un lieu où les oisillons et les vers vont naître !

Ce qui compte le plus est la concentration
Pour savoir déposer, en bonne position,
Chaque élément matériel ou intellectuel,
Dans une sorte d'indéfectible rituel.

Ensuite, pour que la création puisse grandir,
Elle doit être nourrie, cela va sans dire,
Que ce soit d'insectes ou de mots judicieux,
Jusqu'à ce qu'elle s'envole au loin dans les cieux !

FANTAISIES FRANÇAISES

Le plus long de tous les palindromes français
Est : « ressasser » qui se lit donc dans les deux sens.
L'anagramme du mot guérison, qui le sait ?
C'est : « soigneur » aux mêmes lettres, c'est du bon sens.
Délice et amour sont de genre masculin
Mais ils sont féminins lorsqu'ils sont au pluriel ;
Étonnant stratagème apparemment malin,
De l'union des opposés qui sont essentiels
Car c'est l'amour qui les unit avec délice
Et qui parfois, les rend l'un envers l'autre, esclaves.
Le seul mot qui contient un « u » avec malice
C'est : « où » car c'est le seul qui a un accent grave.
Squelette est le seul terme masculin en « ette »,
Peut-être parce qu'il est difficile de voir,
Dans ceux conservés d'anciens coquets et coquettes,
Quel sexe pouvaient-ils donc l'un et l'autre, avoir.
Des anagrammes sont parfois paradoxaux
Tel : « endolori » qui est celui d'indolore ;
Sont-ils donc issus des mystères abyssaux
Qui nécessitent que la science les explore ?
Par exemple étudions le gentil mot oiseau :
Ses lettres ne sont aucunement prononcées
Au contraire, par exemple, du mot roseau
Et bien d'autres mots qui lui ressemblent assez.
Il y a même le plus long des lipogrammes,
Qui est le mot : « institutionnalisation » ;
Rien que pour le prononcer, c'est vraiment un drame
Si l'on n'a pas une bonne concentration.
Ce poème est fait pour amuser le lecteur
Et pour que son humour didactique prospère
Jusqu'à être lu, au public, par un acteur,
Ou à des enfants, par leur mère ou par leur père !

PARTAGER

Le plaisir du partage,
Hormis lors d'héritages,
Est la joie de connaître
L'influx qui nous fit naître,
Dont l'essence est l'échange
Permettant que tout change
Comme la pauvreté
En la prospérité !
Lorsqu'on donne, on reçoit
L'amour qui est en soi,
Qui se révèle alors
Bien plus précieux que l'or
Et que tous les trésors
Que l'on perd à la mort !
La peur s'efface autant
En celui qui attend
Qu'en celui qui lui tend
Ce qui le rend content.
C'est l'exploit merveilleux
De l'être prodigieux
Qui sait que partager
Rend la vie dégagée !
Rien ne peut être vide
Donc, ce qui est limpide
C'est que tout est lié,
Tout de tout, l'allié,
Car rien n'est séparé
Ni, aussi, égaré !
Tout est uni par tout,
Cela se voit partout ;
Sans l'autre, pas de soi
Et l'on s'en aperçoit
Quand on se connaît mieux
Et que l'on ressent Dieu !

MES RÊVES

J'avais des rêves qui sont morts avec ma jeunesse ;
Il m'a fallu attendre que d'autres en moi naissent ;
J'avais en premier, celui d'être un vétérinaire
Puis celui de devenir un grand champion de sport,
Mais heureusement pour tous, pas d'être un actionnaire
Ni un armateur aux nombreux bateaux dans les ports :
L'un spolie les richesses des peuples sans rien faire,
Et l'autre pollue les eaux des mers pour ses affaires.
Sans attendre longtemps, j'ai rêvé d'être un chanteur
Et dans le même but altruiste, d'être un acteur :
Tôt m'est venu le désir d'aider l'humanité
Comme on aide quelqu'un à terre à se relever,
Par ces deux métiers qui ont cette efficacité
Quand ceux et celles qui les font, l'ont ainsi rêvé !
Beaucoup de gens pensent qu'est fausse cette attitude,
Puisqu'ils n'ont pas, pour les autres, de sollicitude.
De plus, le talent ne suffit pas pour le succès
Car ces fonctions sont rationnées par des entreprises
Qui ont su par l'argent, en interdire l'accès
Aux artistes qu'ils n'apprécient pas ou qu'ils méprisent ;
Leur monopole ne réduit pas seulement l'art,
Comme on réduirait un cochon à des bouts de lard,
En appauvrissant la culture de la nation
Et en imposant une mode qui devient fade,
Il empêche que brille, de la population,
Sa richesse de diversité qui se dégrade.
J'ai donc été obligé de faire un nouveau rêve,
Bien décidé à ce que plus rien ne me l'enlève,
Afin de pouvoir concrétiser mon action d'aide
Pour laquelle, fougueusement, en ces vers je plaide.
Me voici devant toi, lecteur, mon destinataire
À qui j'adresse par conséquent ma plaidoirie,
Car mon rêve de poète à but humanitaire,
Est de tous nous réunir contre la barbarie !

LA BONTÉ

La bonté est suspecte dans l'esprit des gens
Qui sont capables de tout pour des gains d'argent,
Pour obtenir quelque pouvoir ou des bienfaits,
Sans en hésiter à produire des méfaits.

Pourtant, en vérité, elle est vraiment logique
Et non l'effet d'une fausseté diabolique ;
Elle est une simple qualité de bon sens
Pour ceux qui, de la vie, ont pu saisir le sens.

Chaque personne est telle une copie conforme,
Dans sa généralité qui lui donne forme,
Des autres individus qui peuplent le monde
Par leur âme et leur corps d'où émanent des ondes.

Hors le caractère qui provient de l'esprit
Selon ce que, de l'existence, il a compris,
Et, exceptées quelques parties de différences,
Chacun est comme autrui malgré les apparences.

De surcroît, il ne peut y avoir d'entité
Qui soit séparée des autres dans l'unité,
Car c'est de la même source qu'elles proviennent
Comme les feux d'une forêt, d'où ils surviennent.

En conclusion, par ces évidences précises,
Même si elles peuvent paraître concises,
L'égalité des êtres qu'enfin l'on perçoit,
Montre qu'être bon pour eux, c'est l'être pour soi !

L'EXODE MAI 1940

Ma mère m'en avait parlé dans mon jeune âge,
De l'avoir vécu de nombreux jours, sans bagages,
En n'ayant, pour nourriture, que quelques pâtes
Et un peu de légumes cueillis à la hâte.

Puis je vis récemment dans un documentaire,
Ce malheur humain comme il y en a sur terre ;
Je savais déjà, de notre monde, les drames
Et là, s'ajoutaient les faits de tueurs infâmes.

Les avions ennemis bombardaient les fuyards
Refusant le joug d'assassins et de pillards
Qui venaient d'envahir la France par le nord,
Après avoir semé en Belgique, la mort.

Des colonnes immenses de gens avançaient
Sur les routes du salut du peuple Français
Qui avait tout abandonné et tout perdu,
Puisque l'attaquant prenait tout comme son dû.

Des charrettes et des voitures à moteur
Étaient mitraillées par la furie d'aviateurs
Qui jubilaient de faire éclater d'autres êtres,
En déchiquetant leur corps par l'ordre du maître !

Il fallait surtout se cacher dans les fossés
Mais non dans les automobiles défoncées,
Ni courir à travers champs pour leur échapper,
Afin de ne pas être, par leurs tirs, happés.

Les villages d'escale étaient aussi détruits
Par l'explosion de bombes aux infernaux bruits,
Et le sang des réfugiés coulait sous des pierres
Qui devenaient leurs tombeaux sans mises en bière.

Les guerres sont sanguinaires, mais plus féroces
Quand des enfants brûlent dans des douleurs atroces.
Les fumées sont blanches ou grises, mais plus sombres
Lorsqu'elles émanent de morts sous les décombres.

Durant cela, celui qui croyait être roi,
Frétillant de la moustache en se tenant droit,
Imaginait encore d'autres cruautés
Pour écraser l'Europe sous sa vanité !

LES MOTS POÉTIQUES

En marchant dans la campagne du pays
Et en contemplant ses beautés, ébahi,
Je perçois des mots qui se forment eux-mêmes
Et reflètent parfaitement ce que j'aime
Dans les innombrables nuances des lieux,
Sans besoin pour cela d'efforts laborieux !

Ces mots sont-ils les images des idées
Ou celles de la nature appréhendée
Par l'esprit qui découvre, en elle, ses charmes
Qui peuvent l'émouvoir parfois jusqu'aux larmes
Tant se révèlent richement, ses splendeurs
Aux belles couleurs et aux douces odeurs ?

Grands et petits mots qui deviennent l'écrit
Où chacun d'eux forme l'œuvre qui décrit,
Pour le plaisir du sympathique lecteur,
Les paysages contemplés par l'auteur,
Si ce n'est ses avis et ses jugements
Qu'il a su mettre en ordre passionnément !

En travaillant à être un bon réceptacle
De pertinents concepts et de beaux spectacles,
Qui peuvent se transmettre entre les consciences
Pour partager les saveurs des expériences,
J'accueille tous ces mots et je les partage
Afin que l'échange soit un avantage !

INFORMATIONS

Notre époque est terrible
Au sujet des données
Dont le peuple est la cible,
Quand il est malmené
Par des informations
De douteux journalistes
Dont les aberrations
L'atterrent ou l'attristent.

C'est la guerre des infos
Entre deux nouveaux clans,
Pour le vrai et le faux,
Quand sont faits les bilans
À la télévision
Contrée par Internet
Qui a d'autres visions,
Le plus souvent, c'est net.

Qui dit la vérité ?
Les gens parfois illustres
Qui, sans ambiguïté,
Ou étant même rustres,
Font des déclarations
Sur nos ordinateurs,
Ou ceux à vocation
D'être des chroniqueurs ?

Télévisions, radios
Ou sites d'Internet,
Lesquels sont des idiots,
Lesquels des malhonnêtes ?

L'AIGLE

Je le vois, l'oiseau planant,
Ailes ouvertes,
Au parcours libre et flânant,
Semblant inerte.

Je ressens l'air qui le porte
Ainsi léger,
Et qui, lentement, emporte
Son passager.

Je le suis de mon regard
Monter aux cieux
Et je pense, à son égard,
Qu'il va vers Dieu.

Il s'élève tellement
Qu'il disparaît
Puis après un court moment,
Réapparaît.

Plus beau et plus fier encore,
Maître du vent ;
Ses plumes couvrant son corps,
Vibrent souvent.

Soudain, il fixe ses yeux
Vers le sol vert ;
Ses griffes comme des pieux
Transpercent l'air.

Puis plongeant telle une bombe
Lâchée d'un coup,
C'est sur une proie qu'il tombe,
Happant son cou.

Alors, très vite, il resserre
Sur l'animal,
Ses longues coupantes serres,
Et lui fait mal.

Ce soir, ce n'est pas un ange
Qui vint du ciel,
Ni une jolie mésange
Couleur de miel.

C'est un rapace puissant,
Roi de l'éther,
Dont le bec couvert de sang,
Tue sur la terre.

Difficile est l'existence,
Souvent cruelle,
Sans saisie de sa substance
Spirituelle !

JOYEUX ANNIVERSAIRE

Que cette nouvelle année

Sur cette terre aux épreuves

Où fièrement tu es née,

T'offre d'être plus la preuve

Que l'Univers est en soi,

Afin que tu la rayonnes

Avec toujours plus de joie,

Pour qu'en ce monde résonne

La vérité de nos âmes

Dont la splendeur de l'amour

Éteint les flammes des drames,

D'être notre seul secours !

UN AMI EST PARTI

La tristesse mesure notre amour

Envers celui qui vient de disparaître

Et qui ne partagera plus nos jours,

Car il faut mourir par le fait de naître !

Cela pourtant, nous procure du bien

Puisque dans notre nostalgie de lui,

Nous activons en notre âme, le lien

Qui nous unit et qui, à nouveau, luit !

La complicité n'a pas de frontière

Qui séparerait la mort et la vie,

Et est bien illusoire, la matière

Quand des êtres ont de s'aimer, l'envie !

PAUVRE MONDE

Pauvre monde qui se croit avancé
D'avoir progressé en technologie,
Mais qui ne parvient pas à effacer
Ses drames par une autre stratégie.

Pauvre monde qui se sert de la terre
Pour faire des gens riches, d'autres gueux,
En obligeant les peuples à se taire
Ou à se calmer quand ils sont fougueux.

Pauvre monde qui jette dans ses vides,
Les corps des affamés et des pouilleux,
Quand des cérémonies d'êtres cupides,
Honorent l'attrait de l'or, leur faux Dieu.

Pauvre monde qui se pâme d'orgueil
Lorsqu'il envoie vers Mars, un satellite,
Alors qu'il provoque partout des deuils
Causés par l'ambition de son élite.

Pauvre monde qui juge son histoire
En se disant meilleur que celle-ci,
Pendant qu'il crée des vastes purgatoires
Où même des enfants y sont occis.

Pauvre monde qui rit de ceux qui pleurent
Au milieu même de ses pays riches,
Où les rivalités, de grande ampleur,
Paupérisent les faibles qui pleurnichent.

Pauvre monde qui fait des défilés
En l'honneur de sa liberté acquise,
Durant qu'il continue à empiler
Des cadavres en ses terres conquises.

Pauvre monde qui se perd dans ses lois,
Au vieux cœur de guerre économique,
Qui bat au rythme fou de ses exploits
Dont les perdants meurent sans polémique.

Pauvre monde qui érige des tours
D'où peuvent se suicider ses exclus
Auxquels il a laissé passer le tour
Du partage des biens, l'amour inclus.

Pauvre monde qui se dit magnanime
Quand ses présidents dorment, bien tranquilles,
Au moment où ses réprouvés s'animent
Pour faire leur lit dans les rues des villes.

Pauvre monde qui crée d'immenses fêtes
Qui célèbrent les victoires des forts
Qui ont, en gens fourbes et malhonnêtes,
Spolié d'autrui, les gains de ses efforts.

Pauvre monde qui promet la justice
Sans qu'il soit assez sage pour la faire,
Et qui se perd dans d'innombrables vices
Pour pouvoir continuer ses affaires !

SPECTACLE NOCTURNE

L'un des plus beaux panoramas que j'ai pu voir,
Fut les milliards d'étoiles de la voie lactée,
Qui s'étendaient dans les vagues du cosmos noir,
L'Himalaya semblant les avoir éjectés
De ses sommets dont la neige est immaculée
En sa scintillante blancheur non éculée.

Comment pouvoir décrire une telle émotion
Tant sa splendeur est d'une puissance infinie,
Si ce n'est par l'incommensurable ambition
Du poète dont l'art ne peut être fini
Que lorsqu'il n'aura plus son cœur posé sur terre,
Pour en écrire les beautés et les mystères.

Il y avait, là, ce seigneur blanc montagneux
Couronné par la scintillante galaxie,
Telle l'œuvre d'un artiste peintre soigneux,
Au talent issu d'un état d'ataraxie
Indispensable afin de pouvoir retranscrire
Une telle beauté émouvante à écrire !

Ma conscience reflétait ces diamants du ciel
Dont la nuit était l'écrin de mise en valeur ;
Et leur mille éclats aux couleurs des arcs-en-ciel
Ne pouvaient faire de moi leur vil recéleur
Car j'avais, de suite, l'envie de dire au monde
Que dans nos cieux les somptuosités abondent.

Quel grand bonheur d'exprimer ces magnificences
Que l'univers expose en son infinitude
En émerveillant autant l'âme que les sens
Sans jamais être la cause de lassitude ;
Et quel grand enseignement pour l'esprit humain,
Qui peut ainsi récolter plus que par ses mains !

L'univers est une énigme pour la conscience
Et une beauté qui ne peut avoir de fin,
Malgré les nombreux efforts des hommes de science
Pour rassasier de leur curiosité, la faim ;
C'est une très grande chance de le savoir
Pour trouver, en soi, l'être plutôt que l'avoir !

LA POLITIQUE RELATIVE

Je viens d'entendre à la radio, le président
Dire qu'en France, nous sommes tous des chanceux,
Ce qui peut faire penser qu'il est impudent
Puisqu'il oublie, de ce pays, les malheureux
Comme les parias qui, ne gagnant que trop peu,
Se privent de moult objets trop coûteux pour eux.

Tout étant relatif, certes, notre nation
Est du monde, l'une des plus respectueuses
Des droits et des devoirs de la population,
Quand d'autres sont souvent violentes et tueuses ;
Mais ce n'est pas parce qu'un patient n'a qu'un rhume,
Qu'on ne doit pas le soigner selon la coutume.

Chaque valeur n'étant autre que relative
Implique, donc, lorsque l'on parle de bonheur
Ou d'expériences de vie qui sont positives,
De ne pas occulter ceux vivant des malheurs ;
Même si pour sauvegarder un bon moral,
Il est sain de penser au bien et non au mal.

J'espère que les chefs d'état de l'avenir
Sauront équilibrer leur conscience des faits,
Afin qu'une amélioration puisse advenir
Par le pouvoir qu'ils ont de créer des bienfaits.
Oublier une partie de l'humanité
Est la négation, en soi, de la charité !

UNE BATAILLE TERMINÉE

Devant les regards, la plaine étendait sa terre
En offrande au spectacle qui montrait la guerre
Dont les corps des morts recouvraient, de leur laideur,
Chaque espace d'herbe composant sa grandeur.
Ce n'était plus qu'une vaste étendue d'enfer
Où volèrent des plombs et des sabres en fer
Qui parvinrent à couper des bras et des têtes,
Pendant que des cris sifflaient comme ceux des bêtes
Qu'on assassine dans les hideux abattoirs
Autant sombres et sales que des dépotoirs.
On pouvait deviner la violence des coups
Qui brisèrent les os des jambes et des cous.
Des deux camps, des soldats étaient presque enlacés
D'être trop nombreux sans pouvoir être espacés ;
Ces accolades non pas d'amour, mais de mort,
Donnèrent-elles aux survivants des remords ?
Aucun de ces cadavres ne semblait paisible
Puisque chacun fut d'une épouvante, la cible.
Quel fut leur esprit quand le ciel reçut leurs âmes
Qui, avant d'y monter, vécurent de tels drames ?
Soudain il plut ; ce fut l'averse d'un orage
Qui lava ces hommes ayant prouvé leur courage ;
Ils exposaient, ici, leurs masses immobiles
De n'avoir pu être assez chanceux ou habiles
Pour ne pas s'y trouver, ainsi vidés d'eux-mêmes,
Et ne pas souffler à l'artiste un requiem.
Lorsque soudain apparurent entre leurs membres,
De jeunes pousses d'arbres du mois de septembre,
Apparemment d'acacias, et quelques herbettes
Montrant que seule la vie fait de vraies conquêtes !

LE PYTHON DE PANTIN

Par quel manque moral des bâtisseurs de cités
Ont-ils fait des bâtiments plus longs que dix métros ?
Par quelle volonté ou quelle nécessité ?
Peut-être ont-ils été abusés par des escrocs ?

Il y avait près d'où j'habitais, le Serpentin,
Nom juste puisque l'immeuble le plus long d'Europe ;
Y demeuraient, affaiblies par un mauvais destin,
Des familles en naufrage social, juste trope !

Cet édifice était sinueux comme un serpent,
Criblé de minuscules fenêtres, sans balcon,
Visiblement construit pour loger trop d'occupants
Dans des minuscules deux pièces tels des cocons.

Le but était-il que ces déshérités du monde
Se changent en population docile et soumise,
Pour que leur colère avorte afin qu'elle ne gronde
Contre l'absence des joies qui leur furent promises ?

Ou était-il d'enfermer comme leurs corps, leurs armes,
En retenant derrière ces murs de laid béton,
Leurs désirs d'avoir mieux et l'écoulement de leurs larmes,
Afin que leur vie devienne celle de moutons ?

Certes, cette partie du peuple était donc logée
Dans cette cité où elle était trop délaissée ;
Le résultat fut une violence propagée
Entre les gens qui se détestaient d'être entassés.

Logique, chacun est une essence sans limite
Puisque son être est, en vérité, la liberté ;
Seuls peuvent bien vivre dans des réduits, des ermites
Dont l'esprit pénètre son universalité !

De nos jours, rampe encore le serpent de Pantin
Dont le corps sinueux avait été peint en bleu ;
Est-il toujours autant lugubre, ce Serpentin,
Même quand il fait soleil et surtout quand il pleut ?

LA GUERRE CACHÉE

L'actionnaire désire un maximum d'argent
Même si cela doit faire souffrir des gens.
Le directeur d'une entreprise commerciale
Détruit un concurrent, car pour lui, c'est crucial ;
Il faut battre un opposant qui est l'ennemi
Et ne pas agir, pour réussir, à demi.
C'est une guerre crue paisible, mais qui tue
Ou qui laisse dans la misère, les battus.
Chacun est dit libre de faire ce qu'il veut
Et d'espérer que se réalisent ses vœux ;
S'il peut détruire légalement l'adversaire
Puisque des lois autorisent d'être un corsaire,
Il a le consentement de la société,
Qui lui permet de vaincre sans contrariété.
Un dirigeant menace de licenciement
Ceux refusant qu'il les traite servilement.
Des distributeurs sous-payent des paysans
En arguant que leur prix d'achat est suffisant,
Sinon ils achèteront à d'autres, les fruits
Que seul le dur labeur de tels fermiers produit.
Des vendeurs de graines en sont les possesseurs
De manière privée, par brevets d'oppresseurs,
Comme si la nature leur appartenait
Pour arracher aux cultivateurs leur monnaie.
D'autres s'approprient d'innombrables territoires
Pour que les poisons faits dans leurs laboratoires,
Y propagent une mauvaise nourriture
Qui tue la terre et des gens par leur forfaiture.
Beaucoup de propriétaires d'appartements
Augmentent les loyers le plus possiblement,
Paupérisant les locataires qui y vivent
Puis le temps faisant, qui seulement y survivent.

Des vendeurs d'énergie augmentent les factures
À de tels niveaux, qu'ils forcent les fermetures
De petits commerces dits de proximité,
Dépossédés par ces pouvoirs illimités !
Des fabricants de vêtements plus ou moins beaux,
N'hésitent jamais à envoyer au tombeau
Des enfants qui manipulent pour eux la mort
Par des produits chimiques qui rongent leur corps !

Ainsi, partout la guerre est vraiment déclarée,
Et cela anéantit ou rend effarée
Une grande partie de ceux qui la subissent
Et qui, constamment, en souffrent ou en périssent.

Alors qu'on ne me dise pas que tout va bien
Par ces combats terribles pour d'insidieux biens ;
Et qu'on ne cherche pas à me faire penser
Que ce monde est juste, puisqu'il est insensé !

CHEMIN DE CROIX

Ils ont cru pouvoir assombrir la lumière
En la courbant sous le lourd poids d'une croix,
L'invectivant par des injures grossières
En ces temps, où, seuls, les forts avaient des droits.

Le fardeau l'écrasait presque sous son bois
Pendant qu'il marchait, soulevant la poussière,
Devant une foule qui manquait de foi,
Autant saoule de calomnies que de bière.

Plus loin, un autre groupe priait sans joie,
Les genoux posés sur des marches de pierre,
Et implorait, pour le salut de son roi,
Une clémence divine singulière.

Ses pas terribles allaient parfois en arrière,
Faisant ralentir cet étrange convoi
Fait de soldats à cheval, d'allure altière,
Et du captif dont parlaient toutes les voix.

Un fouet frappait sa chair de coups adroits !
Plus méprisé que n'importe quelle proie,
Cet homme à l'immense âme particulière,
N'en avait pas de volonté rancunière.

Crucifié, sans peur, il ferma les paupières,
Son message ayant traversé les frontières
Afin que chacune et chacun, en Dieu, croit ;
Depuis ce jour, la foi christique s'accroît !

LES PIERRES

Depuis l'apparition de la terre
Qui tourne autour du soleil constant,
Comme sur elle-même autant
En se protégeant par son éther,
Elles portent les mers et les montagnes,
Les métropoles et les campagnes.

Elles donnent aussi leur consistance
Aux fiers et antiques monuments,
Et aux maisons ou aux bâtiments,
Ainsi que leur force et leur prestance.
Chacune d'elles sert de soutien
À un ensemble qu'elle maintient.

Sans elles, la vie serait absente
Car seul le feu règnerait en maître,
Faisant fondre tout à chaque mètre ;
L'eau en serait donc évanescente,
Et l'air épais et irrespirable
Par une chaleur impitoyable.

La planète est un fruit de l'espace
Qui a un noyau et une coque ;
Rien de ce qui l'a fait n'est loufoque
Et chaque élément est à sa place ;
Sa surface est formée de ses pierres
Jusqu'aux tombes accueillant les prières !

RÉFLEXION MYSTIQUE

Nous sommes enfermés dans une boîte ;
L'air y est humide et rend nos mains moites ;
Sa surface fait cent mètres carrés ;
Ses murs ont des couleurs d'aspects moirés ;
Il n'y a pas de fenêtres ou de portes
Afin que personne n'entre ou ne sorte ;
Le sol par endroits descend et remonte ;
S'y trouvent deux armoires mastodontes,
Décorées de dorures magnifiques,
Et de nombreux dessins géométriques ;
Parfois surgissent d'un coin du plafond,
Des éclairs qui se font et se défont ;
Heureusement sans des bruits de tonnerre
Semblant jaillir d'un monstre imaginaire.
Adossé le long d'un mur, trône un siège
Fait de bois dur et recouvert de liège ;

Voilà donc ce décor imaginé
Dans lequel nous dirons y être nés
Pour y vivre le temps de nos années,
Comme si nous y étions condamnés.
Nous ne mesurons que sept millimètres
Même si c'est difficile à admettre.
Tout nous semble en conséquence très grand,
Autant que l'espace vide flagrant
Où nous avançons telles des fourmis,
À la même taille qu'elles, soumis.
Quelle est donc notre conception du monde ?
Ce lieu où aucune chose n'abonde !

Pourtant, un trou permet un sort meilleur
Sur l'un des murs, d'où l'on peut voir ailleurs,
À l'extérieur de ce pauvre univers,
Où se trouvent des vallées et monts verts
Entourés du cosmos et des étoiles
Dont l'éclat est parfois peint sur des toiles.
Mais qui le cherche, hors ses habitudes,
Et qui en fait une sérieuse étude ?
Notre petitesse est-elle une excuse ?
Évidemment que non, je le récuse !

Il y a en soi une telle porte,
Un accès libre, de la même sorte,
Qui permet yeux fermés, en méditant,
De sortir des limitations du temps ;
Il est nécessaire d'y concentrer
Tout notre esprit pour pouvoir y entrer,
Hors des désirs et de toutes pensées
Ainsi que des images du passé.
Ensuite, par notre persévérance
Nous savons où est notre délivrance !

SATAN

Son cerveau est d'une grande amplitude ;
Il a pu y loger ses habitudes
Plus nombreuses que chez d'autres espèces,
À l'intérieur de surfaces épaisses.

Son regard reflète l'intelligence,
Si on lui accorde, avec indulgence,
Ce genre de capacité mentale
Puisqu'il agit de manière brutale.

À ce propos, c'est lui qui crée les feux
Et qui fait glisser, sur ses sols suiffeux,
Les êtres du monde qui alors tombent
Dans des gouffres de malheur ou des tombes.

C'est lui qui attise les caractères
Pour qu'ils en deviennent de vrais cratères
Qui projettent leur haine incandescente,
En fracassant la foule impuissante.

C'est lui qui produit guerres et famines,
Qui fait exploser des corps sur des mines,
Et qui transperce la couche d'ozone
En souillant la terre en toutes ses zones.

Oui ! C'est lui qui la fouille en la violant
Par ses désirs cupides et violents,
Et qui brûle, par son avidité,
Les lieux boisés, sans légitimité.

C'est toujours lui qui assassine ou tue,
Sans comprendre le pouvoir des vertus
Qui lui donnerait bien plus de trésors
Que ses faux dieux que sont l'argent et l'or.

C'est lui qui agresse et oppresse autrui
En le faisant crier comme une truie
De laquelle on vole ses porcelets
Pour quelque festin de cochon de lait.

Vous l'avez compris, c'est la femme et l'homme
Depuis qu'ils ont voulu manger la pomme
Au jardin d'Éden d'euphorie parfaite,
Où cette action mystérieuse fut faite.

Mais patience, car les deux évoluent,
Par vous et moi de l'avoir bien voulu
Depuis déjà de nombreux millénaires,
En cette aventure extraordinaire.

Et nul doute que nous comprendrons mieux
Qu'en vérité, chacun ressemble à Dieu
Et que c'est pour le bonheur de le voir
Que nous mangeâmes le fruit du savoir !

LE FLEUVE

Entre les murs de la ville,
Coule lentement la Seine
Que les gens d'un bidonville
Ne voient pas ou juste à peine,
Trop occupés à trouver
Ce qui pourra les sauver.

Des péniches y circulent
Et certaines, amarrées,
Ce qui n'est pas ridicule,
Sont des maisons bigarrées
Ou des restaurants conçus
Pour clientèles cossues.

D'autres bateaux s'y promènent
En transportant des touristes,
Et parfois des journalistes
Ou des artistes en scène
Qui, pour des anniversaires,
Jouent au moment du dessert.

Sur les quais, loin des badauds,
S'y cachent parfois des gens
Au triste sort d'indigents,
Honteux et tournant le dos
À la Seine qui s'écoule
face aux pigeons qui roucoulent !

THIERRY

Qu'il écrivait de beaux poèmes, je le savais déjà,
Son nom de poète étant son nom de naissance : Sajat,
Quand arrivé à la fin de son dernier recueil : Chant d'elle,
Je découvris plusieurs poésies vraiment exceptionnelles :
Celles déclarant à sa fille sa tendresse éternelle,
Non pas un désespoir total de ne plus être auprès d'elle,
Mais plutôt des odes que seul un père aimant peut écrire
Par des flots de rimes qui parviennent alors à décrire,
La profondeur d'un sombre abysse de douleur qui oppresse
Sans alors, pouvoir noyer son adoration qui se dresse.

Elle, ayant emporté son âme dans les vagues des cieux
Où naviguent les convois des anges qui honorent Dieu ;
Lui, ayant subi le lourd poids d'un chagrin démesuré
Qu'il réussit par sa radieuse affection, à minorer.

Nul doute que la splendeur de ses intimes et grands vers
A pu, à l'instar des étoiles, éclairer l'univers
Et que son enfant qui a retrouvé le père divin,
En a reçu la lumière, tant aimer n'est jamais vain !

LE GRAND DESTIN
(En vers irréguliers)
Film sélectionné, nominé et primé 15 fois en 2016 et 2017 dans des
festivals internationaux.

Emanée des forces existentielles,
Voici advenue sur notre terre,
Ma présence consciente autant du ciel
Que du monde dont je scrute les mystères.

Alors très tôt je fais le beau rêve,
Voire je compose, et cela, sans trêve,
Les scènes d'une comédie musicale
Comme une jolie fleur fait ses pétales !

Ce fruit de mon esprit je le nomme
« Le grand destin » des femmes et des hommes
Et, durant trente ans, j'attends, sans cesse,
Que viennent pour lui des dieux et déesses !

Il y a d'abord pour les musiques,
Pour les chansons d'amour et éthiques,
Un ami qui est un arrangeur
Et qui sait révéler les saveurs
Des multiples notes des harmonies
Qu'il compose depuis des décennies !

Alors, apparaît un fier cadreur
Dont l'allure, ce n'est pas une erreur,
Est celle d'un chevalier des images,
Aux multiples pouvoirs, tel un mage
Capable de tout faire avec peu
Et de mettre en lumière ce qu'il veut !

Puis confirme son accord d'être là,
Un narrateur qui n'est jamais plat
Dans les sons de sa voix chaude et claire,
Dont le talent évident éclaire
Chaque moment de l'histoire racontée
Que sa verve exprime avec bonté !

Soudain, telle une nymphe magnifique,
Me regarde une comédienne tragique,
Et je comprends d'emblée que sa grâce
Dont l'éclat fait fondre la glace,
Peut offrir sa présence à cette œuvre
Pour en faire avec nous un chef-d'œuvre !

Je rencontre ensuite, une chanteuse
D'une féminité tellement radieuse
Qu'aussitôt je peux expliciter,
À qui veut l'entendre, la vérité
Qu'elle peut de sa splendeur, enchanter
Comme de sa mélodieuse voix, chanter !

Je profite alors, comme convenu,
De l'accord d'un ami bien venu
Qui compose des chansons poétiques,
Qui connaît tous les secrets rythmiques
Et qui, avec moi, chante cette histoire
Pour le bien de tous, non pour la gloire !

Pour commencer le film, vient à moi
Après avoir attendu des mois,
Une fine danseuse, belle et spirituelle,
Qui, en plus de l'harmonie mutuelle
Nous reliant au-delà de tous maux,
Traduit du film, en anglais, les mots !

.../...

C'est enfin, un élégant acteur
Qui s'approche et qui offre son cœur
Pour traduire les émotions du texte ;
Et nul besoin d'avoir un prétexte
Pour le choisir pour ce rôle intense
Auquel il apporte force et prestance !

Mais il faut des ingénieurs du son
Sachant ériger, comme des maçons,
Les fondations de l'éclat sonore
Devant vêtir les chants, non les corps,
Et s'unissent à nous, deux étudiants
Au savoir-faire déjà irradiant !

Chaque scène tournée doit être contrôlée
Et, pour ce faire, je peux enrôler
Une jeune femme dont la concentration
Capte, sans faillir, les émotions
Et vérifie les situations
Avec excellence et vraie passion !

C'est alors, un seigneur des couleurs
Qui s'approche humblement en douceur,
Dont la grande gentillesse émouvante
S'allie à son talent que je vante,
Pour étalonner toutes nos images
De son savoir d'homme patient et sage !

Sont nécessaires des costumes anciens ;
Une de mes sœurs sait les faire très bien,
C'est donc elle qui accepte aisément
De les créer avec dévouement,
Travaillant dès qu'elle en a le temps
Car nous filmons après le printemps !

J'ai la grande chance, dans mon entourage,
D'avoir de bons amis de tous âges
Et mon épouse qui m'aident au transport,
À la figuration, aux décors
Et même pour nous servir des boissons
Devant les rochers ou les buissons !

Il y a plus encore, c'est une femme
Au charme d'Asie, à la douce âme,
Aux nombreuses qualités de chanteuse,
De maquilleuse et même de coiffeuse,
Qui s'occupe alors des chevelures
Et de ce qui nous sert de parure !

Et puis la générosité vient
Par un homme dont on dit qu'il est bien,
Je dirai même plus, un bienfaiteur,
Un donateur et non un prêteur,
Désireux que notre spectacle soit
Et qu'à tous, il procure de la joie !

Alors, je peux lancer vers les cieux,
Un regard de remerciement pieux,
Car je sais que nous sommes réunis
Pour notre film que plus rien ne nie,
Et je commence, dans un doux matin,
Par chanter haut : C'est « Le Grand Destin » !

COMMENT ?
- Chanson -

Comment voulez-vous que l'on soit heureux sur terre
Quand tant de gens meurent assaillis par des guerres ?
Comment voulez-vous que l'on soit réjoui et fier
De ceux qui, pour assassiner, font des prières ?

Comment voulez-vous que l'on s'anime de joie
Quand tellement de gens n'appliquent pas les lois ?
Comment voulez-vous que l'on défende les droits
De celui que des balles violemment foudroient ?

Comment voulez-vous que l'on préserve la paix
Quand des fusils et des canons tuent le respect ?
Comment voulez-vous que le mal ne soit pas vrai
Quand partout on se sert de lui pour le progrès ?

Comment voulez-vous que l'on soit content ici
Où souffrent tant de pauvres en tous les pays ?
Comment voulez-vous que l'on soit vraiment ravi
Quand en maints lieux on vole ou on détruit la vie ?

Comment voulez-vous que l'on ne pense qu'à soi
Quand des millions d'affamés n'ont pas d'autres choix ?
Comment voulez-vous qu'en la tendresse l'on croit
Quand l'homme de l'homme est constamment une proie ?

Comment voulez-vous que le bonheur règne enfin
Quand la cupidité entrave son destin ?
Comment voulez-vous que disparaisse l'enfer
Quand c'est l'humain lui-même qui est Lucifer ?

PROMENADE MATINALE

Délicatement, un faisceau solaire
Traverse les pétales d'une fleur
Venant juste de les poser sur l'air
Pour révéler, par l'aube, leur couleur.

La lumière étale sur le gazon,
Sa brillance caressante et légère,
Puis à l'orée du bois, sur les fougères
Jusque sur les arbres et l'horizon.

Chaque animal et chaque végétal
Reçoit ce lumineux trésor doré,
Et l'étang, à la surface moirée,
Se pare d'iris aux jaunes pétales.

Des cris d'oisillons appellent de faim,
Les parents partis en quête de vers
Déjà nombreux au sortir de l'hiver
Dont le mois de mars a sonné la fin.

Un doux vent caresse les bergenias
Reflétant sur l'eau leurs corolles roses,
À l'instant où un papillon s'y pose
Avant que fleurissent les pétunias.

La nature, au cœur de l'écrin du monde,
Offre en maints endroits, ses belles parures
Qui Jaillissent de tapis de verdures
Par le pouvoir de la terre féconde.

ÉVIDENCES

Franchement, chacun fait comme il peut
Pour avoir beaucoup ou même un peu,
De ce bonheur que nous tous voulons
Depuis que la terre, nous foulons.
Certains n'ont pas de moralité
Pour obtenir, par voracité,
Tous les plaisirs qu'ils veulent connaître
Dans ce monde qui les a vus naître.
Il faut, d'ailleurs, vraiment reconnaître
Qu'il est nécessaire de renaître
Pour qu'une évolution suffisante
Puisse rendre une personne aimante
Et consciente que le bien commun
Est, de la joie, le meilleur chemin.
Il n'est pas facile d'exister
Et d'ensuite, pouvoir subsister
Au sein d'une grande humanité
Qui s'est morcelée en sociétés
Où toute concurrence fait rage
Par manque destructeur, de partage.
En général, les gens n'ont pas vu
Qu'il y a des pauvres dépourvus
Des moyens minimums d'existence
Jusqu'à ne pas avoir de pitance
Et, suffisamment, d'eau pour survivre,
Puisque des riches volent leurs vivres.
Il est vraiment étonnant de voir
Que des peuples, malgré le savoir
Les ayant poussés à l'ambition
De produire des révolutions,
Acceptent toujours les privilèges
De ceux qui parmi eux, se protègent
Pour que perdurent leurs avantages,
Voire qu'ils grandissent davantage.

Franchement, chacun fait comme il veut,
Mais tant qu'il ne fera pas des vœux
Pour vouloir du bien à tous les gens,
Notamment de santé et d'argent,
Ce monde non seul dans l'univers,
Montrera à tous qu'il est pervers !

PESSIMISME LOGIQUE POUR LA TERRE

Il y a tellement d'informations
Démontrant les nombreuses pollutions
En cette année sombre deux mille vingt,
Qu'il n'y a nul besoin d'être devin
Pour supposer que l'avenir sur terre,
Ne peut donc plus demeurer un mystère
Tant l'évidence de calamités,
Redoutables, est vraiment constatée !

J'ai une forte peine en y pensant,
Parce qu'avec certitude, je sens
Que l'humanité, par imprévoyance
Et le mauvais usage de ses sciences,
Provoque, ainsi, la destruction du monde
Pour des plaisirs futiles et immondes
Qui causent, déjà, de grandes souffrances
Dans de nombreux pays comme la France.

La nature, en tous lieux, est saccagée
Par des produits assassins propagés
Dans les mers, dans les terres et les airs,
Sans épargner les lacs et les déserts
Vidés de leurs richesses naturelles
Pour satisfaire des envies cruelles.
Les forêts sont arrachées ou brûlées
Pour de l'agriculture incontrôlée.

Un article de Nicolas Hulot,
Dans les pages d'un journal écolo,
Explicite que l'urgence est totale
Pour sauver, de ces exactions fatales,

Notre planète qui, en ce mois d'août,
A épuisé ses ressources, sans doute ;
Elles duraient autrefois pile un an.
Il manque donc quatre mois maintenant.

Si les gens voulaient stopper les gâchis,
Refuser qu'autrui soit trop enrichi,
Cultiver sans empoissonner les sols,
Interdire tous les aérosols
Ainsi que les productions de poisons,
Pour qu'enfin soient plus clairs les horizons,
Je pourrai peut-être croire au salut
Et que les temps tristes sont révolus.

Bien sûr, quelques citoyens bienveillants,
De bonne mentalité et vaillants,
Redressent les torts des lobbys tueurs
Et font donc apparaître une lueur,
Mais je tends à douter d'un meilleur sort,
Malgré tous ceux qui prouvent leur ressort
En tant que grands guerriers écologiques
Se battant contre un tel destin tragique.

Aurais-je tort ou aurais-je raison ?
Déjà changent sûrement les saisons.
J'ai donc, cette fois, vraiment l'impression
Que les pouvoirs de l'or qui font pression
Sur les décisions de la politique,
Vont réaliser leur plan diabolique
Afin de faire grandir leur fortune
En transformant la terre en notre lune !

LES ENFANTS

Tous nés par les mêmes lois naturelles
Quels que soient leur pays ou leur couleur,
Leurs goûts, leurs influences culturelles,
Religieuses aussi et leurs valeurs,
C'est de la même manière qu'ils rient
Et qu'ils s'amusent, hormis quand ils prient.

Au début, rien ne les différencie,
Mis à part s'ils sont pauvres ou nantis
Ou par la famine, très amincis,
Et leurs rêves, qu'ils soient grands ou petits,
Sont similairement ceux de l'amour,
De la joie, de la paix et de l'humour.

Puis cela devient compliqué pour eux
Dans ce monde où tout est fait de duels,
Où on les oblige à être ambitieux,
Voire à être combatifs ou cruels,
Dans des sociétés où la concurrence
Est implacable et cause des souffrances.

Ils sortent donc de l'esprit d'insouciance
Et entrent dans celui de la violence,
Puisqu'il faut combattre, sans déficience
Le plus possiblement, pour l'excellence ;
Le manque d'entraide alors triomphant,
En meurent très vite les cœurs d'enfants !

LA CRÉATION

Il est un influx provenant de l'univers
Dont la mission est la nature aux arbres verts,
Aux multiples fleurs aux innombrables couleurs,
Dont la beauté efface toutes les pâleurs,
Aux herbes qui dansent dans le vent du printemps
Dont le souffle est un rafraîchissement constant,
Aux diverses plantes de formes étonnantes,
Dont la présence rend les vallées luxuriantes,
Afin de créer une magnifique terre
À l'apparence qui ne sera pas austère.

Chaque arbre, chaque fleur, chaque herbe et chaque plante
Contient des lumières de pensées verdoyantes
Et d'autres de volonté de colorations,
Multiples et variées, pour leurs décorations.

Tout vibre ainsi d'une puissance intelligente
Qui fait de la vie, une aventure attrayante
Quand on sait admirer les splendeurs naturelles,
Et ressentir la richesse divine en elles.

Tout pétille du pouvoir de la création,
Du cœur des étoiles et de leurs constellations
Jusqu'à la moindre des parties des existences
Qui peuplent cette planète, par leur substance.

C'est pour cela que les citadins la réclament
Quand, blasés par la technologie qu'ils acclament,
Ils se ressourcent au-dedans de la nature
Dont ne parle pas assez la littérature !

HIROSHIMA ET NAGASAKI LES 06 ET 08/08/1945

Un pays décida d'utiliser,
Pour vaincre son ennemi terrifiant
Et rendre son peuple martyrisé,
L'énergie d'un grand pouvoir horrifiant.

Il a fait, ainsi, exploser deux bombes
Dont le nom effrayant est: « atomique » ;
Furent mis à mort sans besoin de tombes,
Des milliers de gens par ce sort tragique.

Pas de guerriers et pas de militaires,
Mais des habitants de deux grandes villes
Dont l'action n'était surtout pas la guerre
Puisqu'ils étaient des personnes civiles.

L'enfer sur terre devint absolu,
Pour les rescapés hurlant de douleur
Et d'horreur qu'ils n'avaient jamais voulues,
Et qui les écrasèrent de terreur.

Qui pourrait toujours croire que l'enfer
Est ailleurs que dans ce monde en errance,
Où les diables sont disposés à faire
Les pires cruautés par ignorance.

Quand le souffle infernal s'est apaisé,
Il ne restait plus que de la poussière
Qui s'était, en chaque endroit, déposée
Comme on la voit dans les vieux cimetières.

Il y avait là bien plus que la mort
Qui exposait ses morceaux de chair noire,
Conséquence d'assassins sans remords,
Puisque l'humain avait tué l'espoir.

Puis d'autres pays se sont procurés
À coups d'or et de pressions politiques,
Cette arme démente et démesurée
Pour que le monde entier soit diabolique.

Désormais, il n'y a donc qu'à attendre
Que l'un d'eux, dont l'esprit serait plus vide,
L'utilise par désir de s'étendre,
Pour connaître ce que fut l'Atlantide !

LA MÉDIATISATION DE NOS JOURS

Je voudrai ne pas le savoir, assurément,
Et pourtant, en ces lignes, j'en fais le serment,
Je dis ce qui est vrai concernant ce sujet
Dont j'aimerai vouloir en faire le rejet,
Mais cela est impossible, car il existe
Et, depuis plusieurs dizaines d'années, persiste !

Peu d'informations restent fiables en ce monde,
Pour ce qui est des conflits et des faits immondes,
Puisque tout et son contraire sont attestés
Être les messages de l'authenticité
Sur les réseaux Internet de l'ordinateur,
Qui devraient être d'excellents informateurs.

Qui croire en ce qui concerne la société
Et les relations humaines en nos cités,
Puisque tout est dit et contredit à la fois
Et, souvent, par des gens semblant dignes de foi,
Ne serait-ce que par leurs diplômes ou titres,
Même si parmi eux peut s'y trouver des pitres ?

Autant sur les ondes de la radiophonie
Que de la télévision, sans cesse se nient
Les uns et les autres disant leur vérité
Des faits qu'ils proposent pourtant de discuter,
Lorsque ce n'est pas d'affirmer leurs opinions
Afin d'établir nettement leurs désunions.

Il y a tant d'intérêts individuels
Et joutes orales ou sortes de duels,
Que leurs armes sont des affirmations violentes
Ou des convictions imposées et virulentes,
Concernant des faits qui devraient être établis
En leur unique constitution qu'on oublie.

Tous les pays sont, ainsi, proches du chaos
Qui est autant sombre que l'étaient les cachots
Où l'on emprisonnait, souvent, des innocents
En les accusant à tort de crimes de sang.
Ils mourront donc comme mouraient ces prisonniers
De s'être eux-mêmes, de cette façon, déniés.

Il n'y a peut-être pas pire que mentir,
Car sur des mensonges, l'on ne peut rien bâtir.
Concernant les menteurs, j'essaie de prévenir
Ceux qui le sont et ceux voulant le devenir,
Afin qu'ils puissent construire leur existence
Sans qu'elle devienne une terrible sentence
Les condamnant à s'empêtrer dans leurs erreurs,
Et à vraiment connaître beaucoup plus de pleurs !

BIEN SÛR

Bien sûr qu'il y a des vacances au soleil
Et des douces nuits du coucher au réveil,
Mais dans la vie, il y a aussi tous ceux
Qui n'ont pas d'emploi sans être paresseux.

Bien sûr qu'il y a de gros comptes en banque,
Remplis de beaucoup d'argent pour chaque manque,
Mais aussi d'innombrables gens faméliques
Pour lesquels un fruit c'est déjà magnifique.

Bien sûr qu'il y a des endroits où l'on danse
En suivant de la musique les cadences,
Mais ailleurs des bombes donnent le tempo
En arrachant des corps, la chair et la peau.

Bien sûr qu'il y a la profusion d'habits
Pour vêtir à souhait toutes les lubies,
Mais il y a des enfants qui n'en ont pas
Car, soit c'est un maillot, soit c'est un repas.

Bien sûr qu'il y a de multiples plaisirs
Pour les nantis qui satisfont leurs désirs,
Mais il y a, dans des pays appauvris,
Par jour, pour des familles, qu'un bol de riz.

Bien sûr qu'il y a, en grande quantité,
Des objets créés pour les avidités,
Mais il y a aussi des lieux sur la terre,
Où les jouets sont tous des armes de guerre.

Bien sûr que l'on pense faire ce qu'il faut
Pour soi et ceux qu'on aime, ce n'est pas faux,
Mais sait-on que ce monde est en décadence,
Alors qu'il a tout pour tous en abondance ?

LA LOI DU PLUS FORT

C'est le plus mauvais des moyens ;
Il faut vraiment le reconnaître,
Du plus jeune jusqu'au doyen,
Pour que soient sauvés tous les êtres.

C'est la dure loi du plus fort
N'étant pas celle de l'amour,
Qui cause d'innombrables morts
Jusqu'à les brûler dans des fours.

Elle provient de l'animal
Que l'homme fut dans le passé
Et prévaut, en tant que grand mal,
Tant qu'il n'en aura pas assez.

C'est d'elle que les monopoles
Rendent fortes leurs tyrannies,
Et construisent des nécropoles
Pour les martyrs qu'ils ont honnis.

Certes, des lois sont rédigées
Pour paraît-il, sécuriser
Les citoyens à protéger
Qui sont malgré tout, méprisés.

Cela par la loi du plus fort
Qui est celle qui prédomine
Et soumet aux pires efforts,
De pauvres enfants dans des mines.

Elle agit en tout et partout
Par des gens ignorant leur âme,
Ce qui les rend peureux de tout
À en causer de sombres drames.

Elle abat la démocratie,
Pour le moins dans certains pays
Où elle a la suprématie
Alors qu'elle est pourtant haïe.

Des peuples se battent contre elle,
Puis lorsqu'ils gagnent le combat,
Ils agissent conduits par celle
Qu'ils renièrent dans leurs débats.

Il est donc nécessaire de voir
Que le véritable trésor,
Ce n'est pas l'or mais le savoir
Qui rend vraiment glorieux et fort.

Il faut chercher, au fond de soi,
La source pure et lumineuse
Qui est la seule bonne loi
Pouvant rendre la vie heureuse !

C'est la vile loi du plus fort
Qui conduit le monde à sa perte,
En le menant au fatal sort
Dont elle est devenue l'experte!

Fin de Multiple Monde

```
*******
****
**
*
```

LA MERVEILLEUSE ALLIANCE

```
*
**
****
*******
```

Patrick ÉDÈNE

PIÈCE DE THÉÂTRE EN VERS

© 2023 Patrick Édène
ISBN : 9782322160815

PRÉSENTATION

Si les grands poètes classiques du passé ont enflammé le cœur du public des théâtres du monde, il n'y a pas là, de légitime raison d'occulter les poètes contemporains. Par conséquent, j'ai décidé de tenter d'apporter à cette forme d'art, une nouvelle expression autant éloquente que celle de mes pairs des siècles précédents.

Réaliser des œuvres artistiques fait évoluer leurs créateurs ainsi que les gens qui reconnaissent leur sensibilité dans ces créations. Actuellement, la forme théâtrale versifiée et contemporaine n'a pas de réels succès populaires. Pourtant, le chant des vers est le choix que je fais pour écrire l'histoire de La Merveilleuse Alliance car je considère que les rimes créent des rythmes de sens et de sons qui peuvent stimuler le plaisir d'écoute.

De la même manière qu'un flot sonore de tambours peut inciter la joie de danseurs à exprimer physiquement sa mélodie, je constate que des vers ont la capacité de rythmer une musique intellectuelle ayant pour effet de transporter l'attention du spectateur sur les ondes d'une danse poétique.
Je suis toujours admiratif que la poésie puisse servir d'écrin pour mettre en valeur les propos qu'elle contient lorsque leur pertinence est avérée.

Ce sont là les principaux critères de mon choix d'écrire en vers cette pièce de théâtre. J'espère que ces courtes explications suffiront à donner l'envie au lecteur d'explorer cette œuvre, comme à une troupe de théâtre le plaisir de la jouer sur scène !

LA MERVEILLEUSE ALLIANCE

Pièce de théâtre en vers de Patrick ÉDÈNE.

Pièce en quatorze actes.

Les quatorze personnages :

- *Mitan*
- *Naïe, la fille de Mitan*
- *Pessi*
- *Le patron de la brasserie*
- *Le premier client*
- *Le deuxième client*
- *La cliente*
- *Le père visiteur*
- *La fille du père visiteur*
- *La femme*
- *L'homme*
- *La prostituée*
- *Le postulant*
- *La postulante*

Description des 14 personnages :

PESSI : Homme profondément déçu par le monde, en état de désespoir constant et à la recherche de la paix de son esprit ; mais fermé aux conseils d'autrui envers lequel il est sans cesse en conflit.

MITAN : Homme de sagesse notoire maîtrisant la vision des différents côtés des choses et recevant en consultation ceux qui ont besoin de son aide perspicace. Toujours disposé à humblement conseiller.

NAÏE : Fille de Mitan, assistant son père et cherchant, çà et là, des expériences pour aider les autres.

LE PATRON de la brasserie : Homme bourru et au caractère versatile.

LE CLIENT premier : Homme de la ville et de condition sociale moyenne.

LE CLIENT second : Homme de la ville de la même condition sociale et ami du Client premier.

LA CLIENTE : Femme de passage. Personnage fugitif.

L'HOMME et LA FEMME : Couple qui se promène dans le parc, en faisant preuve de discernement dans leurs actions d'aide à autrui.

LE PÈRE VISITEUR : Homme visitant Mitan pour lui demander conseil concernant l'éducation de sa fille.

LA FILLE du père visiteur : Jeune fille ne voulant que s'amuser aux dépens de ses études.

LA PROSTITUÉE : Cliente de la brasserie.

LE POSTULANT : Étudiant de Mitan.

LA POSTULANTE : Étudiante de Mitan.

RÉSUMÉ

Un homme prénommé Pessi, est dépité ; il parcourt les lieux de son existence dans un état de désespoir qui le submerge par la vision d'un monde décadent dont il ne parvient à saisir que les gouffres béants des destructions, des égoïsmes et des malveillances.

Il y rencontre des personnages qui tous ont une façon différente de la sienne d'appréhender les choses de la vie. Ceux-ci essaient de l'aider à ce qu'il distingue mieux les nuances de l'analyse du monde. D'ailleurs, il n'est pas le seul à profiter d'informations didactiques dans les lieux qu'il visite. Mais il ne parvient pas à entrevoir la lumière de l'espoir dans le contenu de son esprit découragé, dévasté et parfois, révolté. Paradoxe engendré par le mystère du souffle de la vie, il s'accroche pourtant, avec courage et obstination, à l'éclat de sa vitalité non sans, quelquefois, manquer de respect envers ses interlocuteurs. Son salut lui sera enfin offert par Mitan, homme sage réputé pour son intelligence. Ainsi, peu à peu, l'alliance qui est merveilleuse lui sera révélée comme le joyau de sa délivrance. Alors, dans la clarté nouvelle d'un esprit ouvert aux opposés, il guérira sa conscience !

C'est donc à un voyage initiatique que le spectateur sera convié. Mais sans l'austérité de quelques cours de philosophie ou d'ouvrages didactiques ennuyeux uniquement réservés aux ascètes fervents d'une discipline rigoriste ! Pour preuve, de nombreuses scènes offrent des situations loufoques permettant d'en rire. Là encore, l'alliance agit en équilibrant ce qui est sérieux et ce qui est distrayant sur la balance des reflets de la relativité puisque ce qui est grand reflète ce qui est petit !

SYNTHÈSE DES ACTES

ACTE I

Dans un parc, Pessi s'y croyant seul, déclame son désespoir causé par le monde qu'il considère rongé par les pollutions et par les actes de l'humanité perdue dans le labyrinthe de son consumérisme et dans la violence de ses guerres. Mais malheureusement pour lui, Naïe, fille de Mitan, passe par là.

ACTE II

Dans une brasserie, Pessi, ivre, conteste les propos de deux clients qui expriment leur bonheur de vivre et a envers eux un comportement irrespectueux ; le patron des lieux et les deux clients le mettent dehors.

ACTE III

Dans cette brasserie, le patron devant momentanément partir demande aux deux clients de surveiller son commerce. S'ensuivent des scènes de courses poursuites entre les deux clients et Pessi à cause d'une mauvaise blague ! Le patron revient et constate les dégâts causés et finit par disculper Pessi, pourtant fautif, tout en chassant hors des lieux les deux clients.

ACTE IV

Dans le parc, Pessi est contrit à cause de remords concernant son mauvais comportement et toujours en état de désespoir, il monologue.

ACTE V

Dans le parc, Naïe voit Pessi et le fuit. Un homme et une femme voyant la tristesse de Pessi, essaient de le consoler en lui démontrant la beauté de la vie sur terre. Naïe, ayant regardé la scène, et constatant que Pessi demeure triste, s'approche du trio et fait un cours de philosophie. Mais Pessi clame son désaccord.

ACTE VI

Dans un salon, Mitant expose des enseignements pour répondre aux inquiétudes du père qui le visite et qui refuse le comportement socialement destructeur de sa fille.

ACTE VII

Dans la brasserie, scène d'humour entre les deux clients puis un conflit les oppose au patron. Le patron malgré sa timidité, tente de séduire une cliente ; Naïe essaie de l'aider en lui donnant des conseils de respect envers les femmes, mais il ne s'en accommode nullement. Mitant arrive et parvient à faire comprendre au patron le bon sens des propos de sa fille.

ACTE VIII

Dans le parc, Pessi est abordé par l'homme et la femme qui essaient à nouveau d'améliorer la qualité de son moral. Un dialogue s'engage au sujet de l'optimisme et du pessimisme qui sont relatifs à la nature et Pessi semble mieux enclin à être optimisme puis le refuse et clame à nouveau, haut et fort, son grand désespoir.

ACTE IX

Dans le salon, Mitan enseigne la voie du milieu à Naïe, au postulant et à la postulante sous une forme de questions-réponses.

ACTE X

Dans la brasserie, Naïe exhorte les clients à monter sur des chaises et à exprimer leur joie de vivre et leurs désirs. Mais les deux clients tournent en dérision ce jeu et s'ensuit une scène d'humour. Pessi cherche à les décourager puis il y a entre lui et Naïe, une joute orale relative aux faits positifs et négatifs de l'existence.

ACTE XI

Dans la brasserie, une prostituée engage la conversation avec Pessi qui, à son tour, lui pose des questions au sujet de son sinistre métier. L'un et l'autre discourent sur les conditions sociétales et se disputent quelque peu. Petite scène d'humour avec le patron puis réconciliation entre la prostituée et Pessi.

ACTE XII

Dans une chambre, le père conteste le comportement de sa fille qui en retour, lui montre son véhément désaccord envers sa façon de la traiter. Le père parvient à lui démontrer qu'un jugement équilibré peut lui octroyer à la fois le plaisir des loisirs et ceux des études. Ils se réconcilient.

ACTE XIII

Dans le parc, le patron rencontre l'homme et la femme à qui il demande des enseignements sur l'existence. Ceux-ci lui indiquent des parties de sagesse concernant le but de l'existence et la liberté.

ACTE XIV

Dans la brasserie, discussion entre Mitan, Pessi, la prostituée, le patron, les deux clients et Naïe au sujet de la merveilleuse alliance. Pessi, par l'insistance de Mitan, parvient soudain à comprendre ce qui le condamnait à son désespoir ! Il prend Mitan dans ses bras et le remercie chaleureusement.

EN TOURNANT CETTE PAGE, ENTREZ DANS LE MONDE DE LA MERVEILLEUSE ALLIANCE !

Acte I --- Pessi et Naïe

Pessi, assis sur l'herbe dans un parc

Marchez, ombres du monde, derrière les silhouettes de vos
corps !
Marquez au sol les gestes qui, donc, ne viennent pas des
nombreux morts !
Recouvrez les blancs squelettes comme la nuit tombe sur la
terre !
Cachez les blessés qui s'affalent au sol avant qu'on les enterre
Et plantez vos ondes mouvantes jusque dans les noirs
cimetières !
Je souffre de vous qui résultez des sombres manques de
lumière.
Ma plainte ne s'entend plus sur les hautes cimes depuis hier,
Car je meurs de solitude au milieu des multitudes des
hommes ;
Est-ce à cause d'Adam, stupide, qui voulut bien croquer la
pomme ?

Entendez pourtant mes cris dans l'obscur silence
Et voyez mes larmes qui coulent de ma transe !
Je ne peux lutter contre vous qui masquez tout ;
De votre poids, je me courbe et je deviens fou ;
Mon cœur s'écrase contre vos viles ténèbres
Et la peur serpente en moi jusqu'à mes vertèbres !

Pourquoi tant de cruauté violente et de haine,
Par l'humain qui, perdu dans sa tête mal pleine,
Assaille ses frères d'autres clans ou couleurs

En hurlant ses offenses pour cacher ses pleurs ?
Pourquoi tant de cris et de bruits en cette danse
Rythmée par l'effroi, musique issue de l'absence,
De ce manque de soi-même rempli d'erreurs,
Qui trouve son chemin où commence l'horreur ?

Vous m'avez tant torturé, ombres de l'esprit ;
Tant obscurci le cœur qui maintenant est gris,
Que je suffoque d'ingurgiter vos poussières
Et que j'en perds mes forces dont j'étais si fier.
Je ne peux plus que vous obéir, désormais,
Pour être votre esclave à toujours, à jamais,
Et vous exhorter à tatouer dans mon cœur,
Les profonds sillons de votre laide rancœur !

Mais je suis fou de lancer alors, vers vous, cet appel,
De faire ainsi l'apologie de votre feu cruel !
Eloignez-vous de mon âme qui tant vous en supplie
Et partez loin de ma pensée qui devant vous se plie !

Arrive alors, par la gauche de la scène s'éclairant, une jeune
fille gaie qui chantonne

Naïe, aperçoit Pessi qui s'est levé durant son monologue.
Elle le regarde quelques instants puis lui parle

Naïe

Bonjour ! Vous avez l'air triste bien cher Monsieur.
Pourtant, tout est tellement charmant sous nos cieux.
Ne soyez pas malheureux, la vie est si belle !
Est-ce à cause d'un souci ou d'une querelle ?

Pessi

Passez votre chemin jeune fille naïve
Dont l'âme pure, qu'elle meurt ou qu'elle vive,
Est égarée dans une espèce d'insouciance
Puisque figée dans une sorte d'inconscience !
Partez loin de moi et fuyez mon amertume
Car en moi le mal brûle et, violent, me consume !

Naïe

Comment pouvez-vous parler ainsi, vous si grand,
Vous si fort et qui, aux ombres, faites écran ?
Vous qui brillez par ce qui entoure les choses
Et qui éclairez ces lieux d'en être la cause.

Pessi étonné

Qui êtes-vous fillette parlant de la sorte ?
Ne voyez-vous point, enfin, que mon âme est morte ?
D'où vient ce discours scandé de cette manière ?
Ne savez-vous pas que mon cœur est une pierre ?

Naïe

Je suis la fille du maître de nos deux mondes,
Celui-ci et le domaine où chacun se sonde
Lorsqu'il vient voir mon père pour consultation
Et en sauver son être de la perdition !

Pessi en colère

Je ne connais pas ce lieu bizarre et étrange
Pour lequel vous faites bien vite les louanges ;
Éloignez-vous de moi et fuyez mon courroux,
Je ne serai pas le prisonnier d'un gourou !
Partez loin avant que jaillisse ma colère,
Avant que se déverse sur vous ma misère !
Partez et revenir n'y pensez même pas
Car vous sentiriez sur vous mon souffle et mon pas !

Naïe s'en va, effrayée, tout en se retournant pourtant un peu

Pessi qui crie vers elle

Voilà, partez, et que je ne vous revoie plus
Car avec vos manières, vous m'avez déplu !

Pessi à lui-même

Sidérant, pour qui se prennent ces jeunes âmes
Qui croient pouvoir résoudre des autres, les drames ?

Acte II --- Pessi, les deux clients, le patron

*Pessi est attablé dans une brasserie ; il y a aussi quelques
autres clients qui boivent et discutent ; l'un d'eux parle de ses
projets à un ami*

Le client n°1

Je suis heureux, car j'ai reçu une bonne nouvelle ;
Le patron d'un commerce dont la réussite est belle,
Veut me voir pour étudier mon Curriculum Vitae
Afin de m'embaucher s'il ne peut ainsi l'éviter.
Ce qui est très probable puisqu'il a vraiment besoin
D'un employé de confiance n'habitant pas trop loin.
Et je suis sûr, mon humilité dut-elle en pâtir,
Que c'est moi l'homme qu'il faut de ce qu'il veut en bâtir !

Le client n°2

C'est vraiment une bonne nouvelle et j'en suis content ;
J'aimerais d'ailleurs, pour moi, en obtenir bien autant !
Buvons notre bière pour fêter dignement cela
Et savourons d'être bien vivants avant l'au-delà !

*Pessi s'adresse à ces deux hommes alors qu'il est un peu
saoul*

Pessi

Qu'osez-vous insinuer par vos propos inutiles ?
Ne savez-vous pas que tout meurt en cette sombre ville ?

Sots et ignorants, individus menteurs aux faux rêves !
Sortez de ce lieu, sinon je le dis, je vous achève
Par ma grande sagesse qui déjà vous engloutit
De sa force ardente, vous si pâles et si petits !

*Il renverse les verres de ces deux hommes hors de leur table ;
le client n° 1 se lève promptement et attrape à la gorge Pessi*

Le client n°1

Non mais ça ne va pas, espèce d'idiot alcoolique !
Dégage d'ici, espèce de fol antipathique !

Il pousse Pessi qui tombe à terre

Pessi gémissant

Vous vous croyez très forts par vos espoirs tant illusoires ;
Vous qui faussement pensez tout bien connaître ou savoir !
C'est vous qui êtes des fous de ne jamais percevoir
Le destin cruel qui, déjà, érige vos déboires.
Ah ! Ah ! Ah ! Votre heure est venue dès que vous êtes nés,
Mais vous ne le voyez pas comme votre propre nez,
Trop occupés à ne regarder que ce qui vous plaît
Alors que le malheur s'active à préparer vos plaies !

Le client n°2

Laisse-le, il ne vaut pas que nous fassions un effort ;
Regarde-le, ivre et vil, il est comme déjà mort !

Allons recommander deux bières bien fraîches et savoureuses,
Et dégustons-les, pardi ! En l'honneur de notre vie heureuse !

Pessi, se relevant et vers eux

C'est ça, allez vous gaver de vos nombreuses incertitudes
Qui ne pourront vous conduire que jusqu'à votre
servitude !
Allez-y, buvez à ma santé moi qui meurs devant vous
Pour montrer le reflet de vous-mêmes qu'enfin je vous avoue !

Il se retourne

Oui ! Telle est la vérité ! Vous êtes la folie qui maraude,
Car c'est en vous, et non plus en moi, que l'égoïsme taraude ;
Il vous perce le cœur afin de le remplir de vos mépris ;
Votre délire vous vole à vous-même puisque pas vu pas pris !
Oubliez donc votre compassion comme vous savez le faire !
Ne pensez plus qu'à vous-mêmes et surtout pas à votre frère !

Il est assis et il pleure

Et laissez-moi mourir dans la fange de mes dégoûts
ultimes,
Car je ne peux plus vaincre l'horreur… Je ne suis qu'une
victime.
Ma gorge se serre sous l'étau froid du malheur qui la broie.
Je ne respire qu'à peine ; je n'entends plus, même ma voix.

Il regarde autour de lui, les yeux hagards

Où es-tu, souffle de mon âme ? Où sont même mes entrailles ?
Je ne vous vois plus ; je ne vous sens plus ; je ne suis plus que
faille.
Oh ! Toi, ma vie qui s'épuise à travers la fuite de mon corps,
J'ai peur de te perdre puisque tout n'est que tortures et morts.
Ne me quitte pas ! Non ! Garde-moi en ta splendeur ! Mais
que dis-je ?
De la fleur de ton essence, je n'ai plus l'éclat ni la tige.
Venez là, ombres du monde, sournoises et sombres ténèbres !
Oui ! Emplissez-moi de vos ondes, comme le vent sur un
cèdre !
Ah ! Ah ! Ah ! Je ne peux que vous obéir, je suis votre
esclave !
De la blessure qui me sert de bouche sort alors votre bave !

*Il s'endort alors et les clients n°1 et n°2, l'apercevant, le
sortent avec le patron du lieu*

Le client n°1

Encore un qui ne supporte pas de tant boire ;
C'est triste de se créer ainsi des déboires.

Le client n°2

Tu as raison et j'ai de la pitié pour lui.
Que va-t-il devenir ce soir ou cette nuit ?

Le patron

Ne vous inquiétez pas mes chaleureux amis,
Des voitures d'aides passent souvent ici.
Ces gens l'emmèneront au chaud dans un bon lit,
Comme un petit oiseau qui retrouve son nid.
Ce n'est pas la première fois tel fait pour lui,
Il vient souvent là pour boire jusqu'à la nuit !

<u>Acte III</u> --- Pessi, les deux clients, le patron

La même brasserie où Pessi est déjà attablé. Il semble attendre, un verre encore plein devant lui. Les deux clients n°1 et n°2 arrivent et vont s'asseoir à une table et commandent deux bières

Le patron qui les sert

J'aimerais que vous puissiez me rendre un petit service,
Garder ce lieu sûr, durant ma visite à la police,
Car je dois témoigner dans une affaire d'agression
Et aller de suite, sur l'instant, pour cette audition.

Les clients acceptent et le patron s'en va. Les clients discutent sans qu'on les entende et Pessi les observe. Puis il part aux toilettes et en revient ensuite. Le client n°1 part à son tour aux toilettes. Soudain, il en ressort trempé

Le client n°1 s'adressant au client n°2

Regarde en quel état je reviens d'un endroit maudit !
Je suis entièrement mouillé et de froid tout raidi.

Le client n°2 rit aux éclats et ne parvient pas à s'en empêcher

Le client n°2

Mais qu'as-tu fait aux toilettes ? Voulais-tu t'y laver ?
Explique-moi, je t'en prie, que t'est-il donc arrivé ?

Le client n°1 s'approchant du client n°2

Ne ris pas, à ma place tu ne serais pas content !
Je suis victime d'un piège, voire d'un guet-apens.
Lorsque j'ai tiré la chasse, elle s'est vidée sur moi.
Et me voici trempé de part en part comme on le voit !

Alors que le client n°2 se retient de rire mais difficilement

Il manque apparemment un tuyau sous le réservoir.
Si tu ne me crois pas, tu peux y aller pour le voir.

Le client n°2

Je te crois sur paroles, vu l'état qui est le tien ;
Je suis heureux que ton sort ne soit pas aussi le mien.

*Soudain, ils entendent rire derrière eux. C'est Pessi qui est
très heureux et qui le montre avec satisfaction. Les deux
clients se dirigent vers lui, menaçants*

Le client n°2

Pourquoi ris-tu avec ce pauvre air d'idiot du village ?
On ne t'a pas encore appris le respect à ton âge ?

Regarde-toi, on dirait un affreux épouvantail
Avec ton pantalon sale et ta chemise qui bâille.

Soudain Pessi jette son verre en plein visage du client n°2 stupéfait, puis il court dans la pièce, poursuivi par les deux clients. L'un d'eux veut l'attraper dans ses bras, mais le manque et se cogne, tête-à-tête, avec l'autre client. Pessi se faufile sous une table et le client n°1 le suit pendant que le client n°2 fait le tour de la table armé d'un seau d'eau qu'il a trouvé derrière le bar et qu'il veut vider sur Pessi qui sort si vite de dessous la table que c'est le client n°1 qui sortant aussi de dessous la table reçoit l'eau du seau ;
Alors Pessi saute sur une table et le client n°2 lui jette une tarte qui était à sa proximité, mais Pessi l'évite et c'est le client n°1 qui la reçoit sur lui. Alors Pessi entre aux toilettes et en ressort aussitôt avec un tuyau qu'il tend rapidement au client n°1 qui est furieux. Pessi lâche le tuyau et court derrière le bar pour y disparaître en se baissant. Soudain, il sort sa tête en faisant des grimaces puis disparaît à nouveau. Les deux clients, effarés, le regardent sans bouger. Pessi ressort la tête en faisant d'autres pitreries et disparaît à nouveau. C'est alors que le patron entre dans la brasserie. À ce moment, Pessi parvient à se glisser dans les toilettes avec le tuyau qu'il a ramassé, sans se faire remarquer

Le patron

Mais quel est ce chantier ? Qu'avez-vous fait ? J'avais
confiance.
Pourquoi n'ai-je donc pas eu envers vous de la défiance ?

Le client n°1

Vous savez que souvent sont trompeuses les apparences.
Vous nous jugerez beaucoup mieux avec plus de clémence.
Je suis allé aux toilettes pour y faire mon droit,
Et bien aisé d'avoir pu tout laisser à cet endroit,
J'ai tiré sur la chasse pour évacuer mon dépôt
Quand alors j'ai reçu l'eau sur mes habits et ma peau !
Comment cela est-il possible ? Vous demanderez !
Un tuyau qui manquait, voilà ce que vous en saurez !

Le patron

Mais pourquoi ce désordre en mon commerce bien tenu,
Qu'avez-vous donc à dire d'important ou de menu ?

Les deux clients sont intimidés par la réaction du patron
visiblement en colère

Le client n°2

Vous savez déjà qu'un de vos clients boit trop et mal,
Que par cela, son attitude est celle d'un vandale.
D'ailleurs, il s'est caché quelque part puisqu'il est coupable ;
Derrière votre comptoir, autant fuyant que du sable !
C'est lui qui enleva le tuyau de la chasse d'eau !
Ce n'est plus un client de votre bar, mais un fardeau ;
Nous essayâmes alors de l'attraper pour qu'il paie
Afin de lui apprendre la décence et le respect.

Le patron se presse d'aller derrière le comptoir et il n'y voit personne. Il regarde alors, mécontent, les deux clients.
Soudain, la porte des toilettes s'ouvre et Pessi en sort, propre et bien vêtu, très souriant et digne. Il regarde le patron, dépose de la monnaie sur le comptoir et le salue en quittant la brasserie. Les deux clients sont effarés

Le patron

Que me racontez-vous ? Sortez d'ici sans discuter !

Le client n°1

Vous ne savez pas tout, vous devez nous innocenter !

Le client n°2

Vous êtes injuste et ne croyez que les apparences ;
Je suis fort aise de vous laisser à votre ignorance !

Les deux clients sortent très dignes et fiers

Acte IV --- Pessi

Pessi, assis dans un lieu extérieur solitaire

Mais qu'ai-je fait à ces hommes innocents ?
Qu'ai-je de mal en mon âme ou mon sang ?
J'ai voulu me venger de ma souffrance !
Que ce ne soit plus moi dans cette errance.
Oh ! Démons à l'intérieur de mon cœur,
Quand éteindrez-vous en moi ma rancœur ?
Je ne suis que faiblesse et désespoir,
Que tourment, et cela me force à boire.
Je ne suis que pensées lugubres et sombres,
Qu'un lourd esprit étendu dans les ombres.

Il se lève brusquement et commence à se battre avec des ombres

Venez à moi, terribles amertumes !
Que mon feu vous dévaste et vous consume !
Ne fuyez point tels des lâches ou des veaux,
Que je vous montre au moins ce que je vaux !
Apparaissez dans votre cruauté,
Pour que j'efface vos activités !
Venez à moi, créatrices de peine,
Afin que vous succombiez sous ma haine !
Je vous exècre et vous vomis en pleurs,
Je vous renvoie votre propre douleur,
Je vous déchire et vous démystifie,
Je vous désintègre ! Je vous défie !

Alors il tombe à genoux pleurant presque sa rage moribonde

Comment puis-je oser crier ces mensonges,
Moi, dont la force et l'espoir sont des songes ?
Comment puis-je croire cette victoire ?
Puisque le mal seul écrit mon histoire ?
La peur m'écrase et coule sur ma peau ;
L'effroi me couvre de ses oripeaux.
Je ne veux plus suivre ces afflictions
Qui ravagent de leur feu mes passions.
Je veux disparaître dans le néant
Qui engloutira mon esprit béant.

Un long silence puis une douce mélodie

Mais qu'est-ce donc cette douce musique ?
Est-ce une réponse à mon sort tragique ?
Je ne le crois pas, ce serait trop beau ;
Mon destin est autant noir qu'un corbeau !

Acte V --- Pessi, Naïe, la femme et l'homme

Pessi est assis sur un banc du parc, l'air morose et le regard au loin. Naïe arrive et le voit

Naïe

> Encore cet homme devant moi ; que fait-il ?
> Il semble attendre désœuvré, seul comme une île.
> Je ne dois pas lui parler, il est dangereux.

Arrive un jeune couple qui, se promenant, voit la scène de Pessi et de Naïe.

L'homme parle

> Regarde cet homme qui a l'air malheureux
> Et la jeunette qui n'ose pas l'approcher.
> Regardons-les de plus près, mais sans les fâcher.

La femme

> Laissons-les, ne dérangeons point leur aventure,
> Car nous ne savons pas si leur amour est sûr.

L'homme

> Ne sois pas sotte, allons les aider si possible
> Car ce que nous ferons ne sera pas nuisible.

Ils s'approchent de Naïe

L'homme lui parle

Bonjour, puis-je vous être utile à quelque chose ?
Je vous vois songeuse et gênée en votre pause.

Naïe

Je dois vous dire qu'il y a deux jours passés,
Ce pauvre homme m'a éconduite et menacée.

La femme

Êtes-vous certaine, il a l'air tant pitoyable ?
Allons le voir et sachons s'il en est coupable.

Tous les trois se dirigent vers Pessi

L'homme lui parle

Bonjour ! Permettez-nous de parler avec vous,
Vous irez mieux si vous conversez avec nous.
Simplement en discutant de rien et de tout.

Pessi levant lentement la tête vers eux

Que me racontez-vous là ? Passez et c'est tout !
J'attends la mort comme j'attendrais une amante.
Mais je n'ai pas une folie assez puissante
Pour lui donner moi-même sa morne pitance ;
Fuir le mal, c'est avoir du bien une appétence.

La femme

Regardez partout, Monsieur, la nature est belle ;
Chaque chose de l'univers, est faite d'elle !
Ne le sentez-vous pas en votre propre chair ?
Sa beauté est ce que vous avez de plus cher !

L'homme

Sentez ses vibrations, en vous, à l'intérieur !
Entrez dans votre temple comme les prieurs !
Alors vous comprendrez ce que nous vous disons
Et vous retrouverez une saine raison.

Pessi se met alors debout sur le banc et, les sanglots dans les mots, il désigne les alentours

Scrutez autour de vous, êtes-vous aveugles ou fermez-vous les yeux ?
La nature est meurtrie et assassinée par les hommes, non par Dieu !
Le profit financier est la principale occupation de ce monde !
Les gens cupides ont fait de la terre une planète moribonde !
Mais regardez donc ! Ne voyez-vous pas le monstre humain tout écraser ?
Son funeste esprit, dans la fange de son égoïsme, est enlisé !
Qui a conscience que l'autre est la réplique parfaite de soi-même,
Malgré les divergences d'opinions qui parfois sont, certes, extrêmes ?
Qui sait que la loi qui fait battre les cœurs est la même pour chacun,

Puisqu'elle se donne à tous, pareillement, sans préférence à
quelqu'un ?
Qui sait, aussi, que les pouvoirs de la vie sont les mêmes pour
chaque être
Et que les différences ne sont là que pour en devenir les
maîtres ?
Qui voit que le soleil brille pour chacun sans aucune iniquité,
Lorsque nous nous laissons caresser par lui pour au mieux en
profiter ?
Qui comprend que la nature du monde est ce qui compose sa
chair
Et que lorsqu'il abîme la planète, c'est lui-même qu'il altère ?
Qui sait que les couleurs de peau ne sont que les habits de la
nature,
Faculté à s'adapter provenant de la science des créatures ?
Qui voit que tout être est donc la même vie s'ajustant aux
conditions,
Et qu'alors les disparités ne sont que de fausses séparations ?

*Pessi se tait ; le couple et Naïe le regardent. Un long silence
passe*

L'homme parle

Ce qui est bien dit ici est vrai, mais cela ne nie pas d'autres
faits
Comme ceux des gens qui parviennent à arracher du mal, les
effets !
Ces gens-là existent et patiemment œuvrent à construire un
futur
Qui par leur bienveillance, connaîtra une meilleure
conjoncture !

Pessi

Mensonges ! Mensonges ! Qui m'a accordé une attention
bienveillante ?
Qui a eu envers moi une correcte attitude, aimable et
aimante ?

Naïe

Mon père dit qu'avant d'attendre d'autrui, il faut apprendre à
donner
Puisqu'on ne peut accuser quelqu'un d'un défaut qui en nous
est inné.
Il dit que nous sommes tous sensibles à nous, avant de l'être
aux autres
Et que pour cela, il faut commencer à corriger ce qui est
nôtre !
En y réfléchissant bien, pourquoi demander à quelqu'un le
respect,
Alors que nous ne le pratiquons pas et mettons en danger la
paix ?
C'est vrai, nous ne pouvons réclamer ce qui contient notre
désaccord,
Puisque nous n'appliquons pas nous-mêmes ce que nous
désirons à tort !
Nous ne pouvons logiquement pas demander d'obtenir
quelque estime,
Si en nos pensées, nous ne sommes pas en volonté qu'elle
s'exprime.
Si nous n'agissons pas afin qu'entre les gens, puisse exister le
bien,
Nous ne pouvons pas créer, par conséquent, entre nous et lui
un lien !

La femme

Oui ! C'est comme l'eau et l'huile ; elles ne peuvent s'unir
l'une à l'autre,
Car leurs différences trop grandes les éloignent chacune de
l'autre.

*Pessi est perplexe, les regarde en silence puis il saute du banc
et les montre du doigt en partant peu à peu de ce lieu*

C'est faux, je ne vous crois pas, car souvent j'ai su aider et
donner,
J'ai enrichi le pauvre et porté le faible durant des années !
Vous ne me ferez pas croire que j'en reçus une récompense.

L'homme

Que vous ne regardiez que ce qui vous manque est bien ce que
je pense !

Pessi

Où sont les gens qui sauvent la beauté du monde ou qui la
respectent ?
On ne parle partout que de malfaisance et de choses
suspectes !
Et ce sont de nombreux êtres humains qui en sont vraiment les
causes.

L'homme

Pourquoi oublier que vous êtes déjà là pour les bonnes choses

Et qu'il existe réellement des êtres voulant bien agir ?
Si, bien sûr, vous ne vous complaisez point à toujours mal
réagir !

Pessi en disparaissant

Mensonges ! Mensonges ! Je ne peux pas et je ne veux pas
vous croire !
Ce serait contredire ce que je vois et même ma mémoire !

<u>Acte VI</u> --- **Mitan, le père visiteur**

*Une grande pièce où sont assis l'un en face de l'autre : Mitan
et le père visiteur*

Le père visiteur

Cher Monsieur dont la renommée court au-dessus des cimes
Et avec qui, dit-on, la sagesse et le bonheur riment.
Je viens vous demander l'assistance de vos deux mondes,
Puisque par eux, vous démontrez la vérité profonde.
J'ai une enfant ne s'intéressant qu'aux amusements
Et je suis obligé de l'en priver sérieusement,
Pour qu'elle puisse se préparer une belle vie
En ne se perdant pas dans ses inutiles envies.

Mitan

Monsieur, je peux vous répondre par les choses suivantes
Afin de vous préciser comme elles sont importantes :
Si existe le trésor de vos pensées et idées,
Existe aussi le sien même si vous voulez l'aider.
Y aurait-il une raison pour nier sa richesse ?
Non ! Quelles que soient pour cette enfant, vos belles
promesses.
Si vous détruisez ce qui peut simplement l'amuser,
Vous lui ferez croire que le bien est à refuser.
Vous n'aurez plus de vertus pour elle et plus de repos
Et elle ne pourra plus respecter votre propos.
Certes, elle doit ne pas aimer que l'oisiveté,
Mais elle a le droit de profiter de sa liberté !

Faites un juste partage entre votre avis et le sien,
Et vous favoriserez de votre fille le bien !

Le père visiteur

Cher Monsieur Mitan, je comprends très bien votre sagesse,
Mais si je laisse ma petite dans cette souplesse,
Ne sera-t-elle pas attirée que par les loisirs
Et leur capacité à lui procurer des plaisirs ?

Mitan

Monsieur le visiteur, vous n'avez pas vraiment compris,
Ce que les lois de la vie, à tout sage, lui ont appris.
Si vous voulez chanter et satisfaire l'auditoire,
Afin qu'il pense de vous que vous êtes méritoire,
Ne chantez pas trop bas pour qu'il puisse bien vous entendre ;
Ne chantez pas trop fort pour qu'il puisse bien vous
comprendre ;
Sinon vous risqueriez que vos belles cordes vocales
Se déchirent ou s'atrophient et ne soient plus musicales !

Le père visiteur

Pourtant, je connais des chanteurs à la puissante voix,
Qui chantent très fort et sont bien aimés à chaque fois !

Mitan

Cela est sûr, je n'en disconviens pas, mais je dois dire,
Si vous acceptez de l'entendre sans vous en raidir,
Que ces chanteurs ont tant travaillé pour grandir leur voix,

Qu'ils en ont beaucoup augmenté leur potentiel de choix.
Ils peuvent donc être en chant, plus doux ou plus fort
qu'autrui,
Sans pour cela que leur voix soit faible ou fasse du bruit.
Ainsi, quand ils chantent, ce n'est ni trop bas ni trop haut ;
Et rarement peut exister un talent qui les vaut.
Ils savent réunir les deux mondes de leur puissance
Et faire de leur art ce que l'on appelle une science !

Le père visiteur qui se prépare à partir

Vous m'avez, cette fois, pleinement convaincu Monsieur ;
Je sais désormais pourquoi votre gloire atteint les cieux.
Votre raison et votre langage viennent du cœur.
Je vous assure, à cette heure, je n'ai plus de rancœur.
Je vais retrouver ma fille et lui parler d'équilibre
Et des extrémités qui nous empêchaient d'être libres.
Je pars lui annoncer cette joie de savoir le bien
Et lui offrir, de mon amour, ce qui vaudra le sien !

Mitan au père visiteur qui sort de la pièce

J'en suis heureux Monsieur ! Et n'oubliez pas qu'en ces
choses,
Ce qui est juste et correct est l'équilibre des doses !
Ainsi, votre existence sera la voie du milieu ;
Elle est celle qui construit tout et qui conduit à Dieu !

Acte VII --- **Le patron, la cliente, les deux clients, Naïe, Mitan**

Le patron de la taverne range des verres derrière le bar. Entre une jolie femme qui va s'asseoir à une table. Il pense à voix haute

Le patron

Jolie femme ! J'aimerais bien l'avoir mienne, elle est belle !
Il faut être charmant lorsque je m'approcherai d'elle.

Entrent alors les deux clients grotesquement déguisés pour ne pas être reconnus par le patron qui se dirige vers la cliente. Les deux clients s'assoient à une table alors que le patron trébuche sur le bord d'un tapis. Il se retrouve à genoux devant la cliente. Celle-ci sursaute de peur, et malencontreusement fait basculer sur le dos du patron un petit vase rempli d'eau et de fleur. L'un des deux clients rit tellement en se basculant sur sa chaise qu'il tombe à la renverse en essayant de se rattraper à son ami et en l'entraînant ainsi lui aussi dans sa chute. Leurs perruques tombent et le patron qui s'est relevé, honteux, en s'étant alors cogné la tête sous la table de sa cliente, les découvre et les reconnaît pendant qu'ils se réinstallent sur leur chaise. Il se dirige vers eux. La cliente est ébahie

Le patron se frottant la tête d'une main

Le patron

Je vous avais dit de ne plus venir, Messieurs !
Je vous prie donc de quitter de suite ces lieux !

Le client n°1

Soyez juste patron, nous étions innocents.
Calmez-vous d'ailleurs, car c'est mieux pour votre sang.

Le client n°2

Nous serons silencieux en buvant notre bière
Et vous pourrez être de nos personnes, fier !

Le patron qui veut se montrer généreux devant la cliente et la regardant en souriant

Le patron

J'accepte cette fois si vous demeurez calmes,
Surtout durant que je sers cette jolie dame !

Il se dirige aussitôt vers elle, le buste bien droit pour se donner l'air important et lui parle d'une façon exagérément précautionneuse

Le patron

Je vous quoi sers, heu ! Pardon ; je vous sers vous quoi ?
Moi, excusez, je ne sais que dire je dois.
Ha ! Que dis-je, voulez-vous boire quelque chose ?
Bien sûr, vous ne voulez pas acheter des roses !

Et il rit, mais timidement, de sa répartie

La cliente

Je voudrais boire un café. Avez-vous cela ?

*Il acquiesce d'un sourire timide et va derrière le comptoir
puis revient la servir*

Le patron

Un bon café rempli jusqu'à ras bord, voilà.

*Il reste à côté d'elle, penaud, lui souriant toujours timidement.
Elle le regarde alors et, gêné, il repart à son comptoir
préparer deux bières à ses clients. Il les sert et, repartant,
regarde intensément la cliente sans voir une chaise qui lui
barre le passage et sur laquelle, par conséquent, il bute en
tombant au sol avec celle-ci. Alors, les deux clients et la
cliente ne peuvent s'empêcher de rire. Le patron se relève,
furieux, se remettant comme il peut, les habits en ordre puis
regarde ses clients moqueurs. Eux cessent de rire, confus et
font mine de l'ignorer. Naïe, qui a vu toute cette scène, va vers
le patron qui retourne derrière le bar, déçu*

Naïe

Bonjour patron, vous avez l'air triste.

Puis-je vous aider, vraiment j'insiste ?

Le patron

Que croyez-vous pouvoir ainsi faire
Pour un homme à l'âge d'un grand-père ?
Je pourrai, d'ailleurs, être le vôtre.

Naïe

Que pourrais-je vous demander d'autre ?
Vous savez de qui je suis la fille,
Et vous connaissez notre famille.
Nous aimons aider ceux qui le veulent,
Ou ceux qui souffrent trop d'être seuls.

Le patron

Écoute-moi, fille prétentieuse,
Reste je t'en supplie, silencieuse.

Naïe

Si l'âge fait souvent l'expérience,
Un jeune peut transmettre une science.
Il faut pour le voir être modeste,
Savoir qu'on ne sait pas tout sans reste.
Je sais que cette femme vous plaît.

Le patron

Mais tu es pour moi comme une plaie !

Tais-toi, tu me blesses, tu m'agaces,
Va-t'en avant que je ne me lasse !

Naïe

Vous perdez donc une connaissance
En n'écoutant pas ce que je pense.
Beaucoup de gens comme vous se ferment
Puisque dans l'orgueil, ils se renferment.
Même à mon père parfois j'apprends
Et il n'en est pas pour ça moins grand.

Le patron

Alors donne-moi l'indication
Qui procure de la séduction,
Puisque c'est vrai, cette jolie femme
Attise un feu au fond de mon âme.

Naïe

C'est simple, il suffit d'être sincère,
De ne pas l'aimer comme un faussaire.
Ne la voulez pas que pour son corps,
Car elle est bien plus comme trésor !

Le patron d'abord interloqué

Le patron

Quitte ces lieux, sotte et impudente !
Ou ma colère sera violente !
*Naïe part et la femme aussi après avoir laissé de l'argent sur
la table. Le patron est penaud.*

Entre, une ou deux minutes ensuite, dans la brasserie, Mitan,
élégant, rayonnant. Il s'avance paisiblement et souriant vers
le patron qui, essuyant des verres, est visiblement gêné

Mitan

> Bonjour patron, comment vont pour vous les choses
> aujourd'hui ?
> Avez-vous, auparavant, passé une excellente nuit ?

Le patron, hésitant

> Actuellement, je ne dors pas vraiment suffisamment.

Mitan

> En connaissez-vous la cause ou avez-vous quelques
> tourments ?

Le patron

> Assurément non… Ou peut-être que c'est la solitude ;
> Parfois, elle m'angoisse, cela est une certitude.

Mitan

> Pourtant, vous êtes toujours détenteur d'un bel avenir.
> Sûr qu'une douce compagne peut encore vous venir.

Le patron

> Justement, votre fille m'a fait des conseils forts étranges,
> Que je n'ai pas voulu ouir, car elle n'est pas un ange.
> Figurez-vous qu'elle m'a dit de ne pas être un faussaire.

Pourquoi employer ce langage qui contient un mystère ?
Franchement, Monsieur Mitan, votre fille est souvent taquine ;
Aurait-elle en elle une fantaisie que, fier, je devine ?

Mitan

Elle voulait vous faire comprendre la voie du milieu
Qui permet envers les femmes de réussir beaucoup mieux !
Je vous explique : il faut savoir qu'un être humain est double.
C'est ainsi qu'il est par son corps, mais aussi, ce qui le trouble
En ses pensées, un esprit fait de désirs et d'émotions ;
Ce qui crée certes ses déboires, mais aussi ses passions.
Par conséquent, si vous appréciez trop l'un chez une femme,
Par exemple son corps aux dépens ainsi de sa belle âme,
Elle sentira un déséquilibre dans votre amour
Et elle fera aussitôt ce qui est sûr, demi-tour !

Le patron est bouche bée

Je suis certain que vous comprenez la valeur de ceci
Puisque pour vous-même, vous en avez aussi le souci !

Le patron est toujours bouche bée

Non merci, je ne bois rien, c'est très gentil de votre part,
Car maintenant, je vous quitte et immédiatement, je pars !

*Mitan recule du bar en marchant un peu à reculons et
observant toujours le patron bouche bée. Puis il se retourne,
salue les deux clients qui observaient la scène de cette
discussion et sort. Alors se lève le client n°2 qui s'avance
devant le patron toujours bouche bée, puis il tape dans ses*

mains fortement et le patron referme enfin la bouche, mais la rouvre dès que le client n°2 s'en écarte. Alors le client n°1 se lève, se positionne devant le patron et claque ses mains l'une contre l'autre encore plus fort. Cette fois, le patron referme la bouche et repart à ses activités

Acte VIII --- L'homme, la femme, Pessi

Le jeune couple se promène dans le parc. Arrive Pessi qui les voit. Le couple l'interpelle

L'homme

Monsieur ! Êtes-vous désormais serein ?

Pessi reste silencieux

La femme

Il fait un beau temps ce mois de juin !

Pessi demeure silencieux

Nous aimerions vous parler quelque peu !

L'homme

Ce serait très plaisant, j'en fais l'aveu !
Laissez-nous tous deux vous être agréables ;
Nous pourrions pour vous, nous montrer aimables !

Sans répondre, Pessi s'arrête devant un arbre et s'agenouille devant lui. Il le regarde quelques instants fixement puis lui parle comme à une personne. Le couple est à ses côtés

Pessi

Oh ! Toi, le roi de la nature végétale dont la couronne est le
ciel !
Toi si stable, si grand et si noble, dont les feuilles touchent les
arcs-en-ciel.
Toi, l'auteur de notre oxygène, le protecteur de notre belle
terre !
J'ai pour toi une mauvaise nouvelle que je préférerais pouvoir
taire.
Le monde meurt des hommes qui détruisent et souillent tout
par cupidité.
Leur poison coule jusqu'à toi par leurs mauvais actes et leur
avidité ;
Cela jusqu'en tes racines qui reçoivent leur venin
Dont le nom d'engrais fait faussement croire qu'il est bénin !
Ces hommes tuent ainsi le proche avenir de leurs enfants
Car le monde entier par leur pollution devient étouffant !
Écoute ma plainte qui monte le long de ton tronc jusqu'à ta
haute sève
Et prépare alors ton destin pour la mort de ton être que ces
fous achèvent.
Ils multiplient les excès et les vices qui les rassurent
Pour remplir leurs poches béantes du sang de tes blessures.
Vois ! Regarde-les remplir notre atmosphère de noirceur
Et couper tes frères pour leurs sales gains d'envahisseurs !
Ils oublient, ces pauvres de conscience, qu'ils mourront un
jour
Et qu'ils deviendront cette terre pour leur dernier séjour.
Ils oublient aussi que leurs enfants exprimeront la douleur de
leurs méfaits
Et, plus encore, que peut-être leur âme payera cher ce qu'ils
ont fait !

Oh ! Mon cher arbre ! Je ne peux me résigner à te perdre ;
Quel que soit ton nom : chêne, peuplier, séquoia ou cèdre.

*Il se tait alors et l'homme et la femme posent, chacun, une
main sur une de ses épaules. Un long silence passe.*

L'homme

Il est difficile pour celui qui connaît le bien
De ne pas pleurer le mal d'autrui comme étant le sien.

La femme

Nous savons qu'un extrême risque existe pour le monde
Puisque des êtres agissent par des actes immondes.
Mais nous savons, aussi, qu'en eux existe la beauté
Qu'ils ne peuvent voir à cause de leur cupidité.

Pessi, se levant brusquement

C'est impossible, ils ne peuvent avoir cette beauté !
Leur égoïsme leur fait faire des atrocités
Et peut détruire le monde et faire souffrir les gens
Pour toujours plus gagner d'importantes sommes d'argent.

L'homme

Vous dites vous-même qu'ils sont des hommes d'ignorance,
Et vous avez raison, c'est la cause de leur errance.
Ils ne cherchent leur bonheur que par des biens extérieurs,
Car ils ne savent pas qu'il se situe à l'intérieur !
Ne les jugez donc pas avec tant de sévérité
Et accordez leur donc un peu de magnanimité.

Pessi en colère

Plus de magnanimité ? Jamais ! Ils sont des démons !
Ils tuent, spolient, brûlent et même, polluent les poumons
En étendant, sur toute la terre et dans tous les airs,
Leur exécrable pollution que chacun laisse faire !

Pessi se mettant à courir en rond

Je veux fuir cette planète ! Qu'on me laisse mourir !

Pessi s'arrête et lève les bras en l'air

Je veux quitter ce monde pour ne plus voir leur sourire !

La femme

Ce n'est pas la bonne solution aux erreurs humaines ;
La vieillesse, les maladies, les guerres et les haines
Sont sûrement là pour nous montrer les fautes commises
Et que le salut est notre âme où elles nous conduisent !

Pessi

Pourquoi irais-je chercher le bonheur hors de ce monde,
Puisqu'il existe là et que la lumière l'inonde ?
Pourquoi le refuser si c'est de lui que je suis fait
Et si c'est lui qui me fait vivre du bien les effets ?
Ce ne sont que ces gens qui l'assassinent et le détruisent
Puisqu'ils altèrent le bien et qu'ainsi à tous, ils nuisent.
Je ne veux plus vivre en ce monde qui les laisse faire
Et priver les autres de leur bonheur pour leurs affaires !

L'homme

Le bonheur matérialiste n'est pas la vérité
Et c'est en soi qu'il est conscient et perçu exister ;
Il n'a plus, sans l'esprit des vivants, de réalité
Et il disparaît dans l'espace de l'éternité !

La femme

C'est dans l'incarnation que toutes les questions se posent ;
C'est par elle que l'être peut devenir ce qu'il ose.
C'est pour elle que la nature est à respecter
Par l'amour, la bienveillance et la solidarité !

Pessi

Oh ! Mais j'entends dans ces paroles comme une sagesse
Qui me souffle dans le cœur contrit, comme une caresse !
Je n'ose croire en une telle saveur et promesse.
Non ! Non ! Je refuse cette mensongère allégresse !
Il n'y a d'issue que dans la haine ou dans l'inconscience
Et dans les ténèbres imprégnant tout de pestilence ;
Cette odeur nauséabonde du désespoir morbide
Qui se répand sur notre terre qui succombe au vide !

L'homme

Vous ne devez pas obéir à la bassesse humaine
Ni vous laisser convaincre par les conseils de la haine.

La femme

Ce que montrent ceux qui agissent avec malveillance,
N'est pas, de la vérité des choses, la pure essence.
Ne soyez pas obnubilé par cette humanité
Et cherchez au-delà des apparences, sa beauté !

L'homme

Parlez à votre âme que vous laissez dormir en vous
Et qui pourtant vous anime et vous fait connaître tout.
Laissez-la vous révéler les vérités authentiques
Et vous offrir ce qu'ont découvert les sages antiques.

La femme

Si vous vous laissez berner par les faits des apparences,
Vous laisserez votre esprit se perdre dans vos errances !
Et ce que vous verrez ne sera qu'illusion de mort,
Faisant croire une fois de plus que rien n'est sans le corps.

L'homme

Ne voyez-vous pas que ce que cherche le monde entier,
Est l'amour de soi qu'il ne peut jamais vraiment renier ?
Ne distinguez-vous pas qu'au-delà de tous ses méfaits,
L'homme cherche assidûment cette source qui l'a fait ?

Le couple s'éloigne lentement

Pessi

Assez ! Assez ! Je ne veux plus rien entendre de vous !
Que cherchez-vous donc à faire, à me rendre soudain fou ?

Silence

Oh ! Mes pensées que j'entrevois en une aube nouvelle
Que les paroles de ces gens élèvent ainsi belle,
Sur l'horizon de mon esprit ceint par l'obscurité
Qui s'estompe alors dans la clarté de la liberté.
Mais que veulent faire ces deux personnes bienveillantes,
Affairées à me sauver de mes idées obsédantes ?

Silence

Comment pourrais-je ne plus voir la cruauté des autres,
Même en pensant que c'est par ignorance qu'ils s'y vautrent ?
Comment pourrais-je innocenter les violences des guerres
Et les malheurs des indigents mourant dans la misère ?
Comment ne plus ouïr les douleurs de notre planète
Et faire entrer quelque silence au milieu de ma tête ?
Les ténèbres des affres depuis le début des temps,
Ont posé leur linceul sur le cadavre des printemps.

<u>Acte IX</u> --- Mitan, Naïe, la postulante, le postulant

Dans le grand salon d'une grande maison, sont assis un homme, le postulant, une femme, la postulante, Naïe et devant eux, debout, Mitan qui parle

Mitan

Pour quelle raison voudriez-vous oublier l'un des deux côtés ?
Quand un verre d'eau est à moitié plein, quelle est sa réalité ?

Le postulant

À moitié vide aussi, c'est évident, cher Maître des opposés.

Mitan

Absolument, cher postulant, à comprendre cela est aisé !
Nous ne devons jamais ! Vraiment sûrement ne jamais l'oublier !
Ce qui est binaire est ce qui est à prendre en compte pour nos vies.
Toute création contient la binarité, même nos envies.

Le postulant

Tout cela paraît simple et contenir la vérité la plus ample
Puisque d'après vous, le monde est deux, comme les sexes par exemple.

Mitan moqueur

Ah ah, Monsieur paraît par conséquent excellemment informé,
Mais êtes-vous donc sous votre petit nombril aussi bien
formé ?

L'assemblée rit

Considérons désormais les aspects que l'on nomme universels,
En leurs éléments contraires nous apparaissant comme un
duel.
Le froid et le chaud, le grand et le petit ou la nuit et le jour,
La droite et la courbe, le mou et le dur ou la haine et l'amour.
Et puis les denses et les éthérés, le visible et l'invisible,
Le silence et le bruit, et encore le narrable et l'indicible.
Nous pourrions ainsi lister et citer, durant d'innombrables
heures
Les opposés, mais ce serait alors un inutile labeur.
Quelle est, à votre humble avis, la cause de cette dualité ?

La postulante

Une sorte de conséquence créée par la pluralité ;

Mitan

Évidemment que non, c'est exactement l'inverse la
réponse.
C'est la différence qui crée la diversité, je vous l'annonce !
Dès que s'assemblent deux opposés, il y a une création ;
Et dès qu'il y a une création, il y a donc distinction !

La postulante

Toutes les couleurs existent par leur différence, c'est cela ?

Mitan

Si elles n'étaient pas distinctes, elles ne pourraient être là.
Mais la différence semble opposer ; c'est une assertion pertinente.
Où commence une couleur, une autre ne peut plus être présente.
La différence est, ainsi, la reine des forces qu'elle gouverne.
Le centre n'a sa place que par ce qui, autour de lui, le cerne.
Le lourd et le léger se côtoient en existant séparément,
Tels le bas et le haut ne pouvant être que réciproquement !

Le postulant

Alors, si je ne me trompe pas, rien ne peut exister sans rien,
Et par conséquent, de la même manière, le mal et le bien.

Mitan

Ah ! Non ! Car c'est ici qu'il y a une seule exception à faire,
Puisque le mal n'est que l'absence du bien et non pas son contraire !

Naïe

Mais mon très cher père, le mal est toujours le contraire du bien.

Mitan

Bien sûr que non, il n'en est que son absence ; c'est cela
leur lien !
Par exemple une maladie causée par un microbe aérien :
Celui-ci n'est en fait qu'une vie de plus, non l'opposé du
bien
Et cela bien qu'il puisse agir dans une maladie
contagieuse.
Ce n'est que son action agressive que nous jugeons
insidieuse.
Ce que nous considérons le mal, n'est que l'absence de
santé.
Ce virus n'est ainsi pas l'inverse de notre vitalité !
Il est vrai que tout ceci est subtil et peut vous rendre
perplexes,
Mais cela ne doit pas produire en vous une sorte de
complexe ;
Comprenez que le haut ne peut exister sans qu'existe le
bas !
Le bien existe sans le mal, on le sait sans besoin de débat !

La postulante

Mais qu'est-ce qu'est le bien alors, si le mal n'en est que son
absence ?

Mitan

Il est, c'est évident et vous devriez le savoir, votre essence !
Votre essence ou le reflet de celle-ci dans ce que vous aimez.
Ce que vous désirez en chaque chose, est donc ce que vous
aimez.

Ce que vous aimez est tout ce qui est pour vous le bien ou la joie.

Le postulant

Pourquoi les gens ont-ils alors beaucoup de différences de choix ?

Mitan

Bonne question ! Celles-ci sont causées par les niveaux de conscience.
Les gens ne sont pas, en partie, tous conscients des mêmes évidences.
Ainsi, ce qui est pour quelqu'un le bien, est pour un autre le mal ;
Ce qui est différent pour l'un, peut être jugé par l'autre égal.

Le postulant

Mais qui peut vraiment avoir raison dans ce désordre d'opinions ?

Mitan

Judicieux ! La vérité se trouve au-delà de la désunion !
Elle connaît les deux parties d'un ensemble qui ainsi les joint.
Elle sait que ce qui est vu près peut l'être par ce qui est loin.
Elle est ainsi toujours juste et n'est pas partiale en son bon constat.
Elle unit les extrêmes et fait de leur centre le potentat.
Alors, ce n'est qu'elle-même qui est réellement constatée
Et que ce genre de jugement qui donne l'authenticité !

Souvent, nos désirs cachent l'un des aspects du fait considéré
Quand ce n'est pas nos habitudes dont nous pouvons nous
libérer.
Pour saisir la seule vérité commune à tous car authentique,
Chacun doit comprendre d'un fait, ses aspects opposés
véridiques !

La postulante

Quelle est la distinction simple entre le contraire et la
différence ?

Mitan

La différence est simplement ce que l'on nomme la
dissemblance,
Mais le contraire est, lui, l'inverse direct d'une chose réelle.
La poire est différente et non le contraire de la mirabelle ;
Le brillant est le contraire du terne et, peu, celui de beaucoup.
Seule la différence existe, s'impose et se retrouve en tout !

Naïe

Tout ce qui se caractérise existe ainsi par sa différence.

Mitan

Oui ! Et dans son espace-temps, il empêche toute autre
existence.
Un jasmin doit être arraché pour qu'un beau rosier pousse à sa
place
Et l'eau doit fortement geler pour qu'elle devienne de la glace.

Quelque chose ne peut apparaître dans ce qui est
existant,
Par exemple un objet dans un autre dans le même
espace et le même temps.
Mais rien ne peut exister sans sa différence avec autre chose.
Si des fleurs sont des lys, elles existent si existent des
roses.

La postulante

Nous devons donc tous cultiver nos différences pour exister.

Mitan

Non ! Car il suffit d'occuper un espace différent pour être !
C'est là une des vérités pour notre idée de soi en tant qu'être.
Les mêmes choses peuvent exister par différence d'espace ;
Mais pour qu'existent d'autres choses la distinction est
efficace,
Et ce n'est que celle-ci qui permet d'exister assurément.
Tout ceci concerne les choses matérielles, non les esprits ;
L'amour concerne, lui, tout ce qui s'assemble ainsi sans
mépris !
Les libres différences d'opinions entre les êtres humains,
Ne sont pas pour affirmer l'existence de soi, le bon chemin.
Les considérations d'un homme ne sont pas ce qui fait sa vie,
C'est-à-dire son essence d'être, malgré qu'elles fassent ses
envies !
Récapitulons : un endroit différent pour pouvoir exister
Et chaque chose distincte du reste pour aussi exister !
Ainsi, rien ne peut apparaître sans ce lien de la différence
Qui l'unit, de ce fait, à tout pour que soit vraiment son
apparence !

Naïe

Cher père, n'est-ce donc pas pareillement pour le mal et le
bien ?
N'y a-t-il pas entre ceux-là, la même obligation au même
lien ?

Mitan

Si pour être, en tant que particularité, tout est distinction,
Nul besoin que le papillon cause, de la fleur, la destruction.
Par contre, le mal, pour qu'il puisse concrétiser son existence,
Ne peut que détruire le bien dont alors, il devient la sentence.
Jamais l'on ne peut connaître le mal sans l'altération du bien,
Mais vous pourrez démontrer le bien sans le mal qui alors
n'est rien !
Tout a besoin de tout pour son existence par la distinction ;
Le mal, lui, n'a de besoin que le bien subissant son extinction.
C'est en cela une puissante révélation sur notre terre,
Concernant les oppositions et l'appréhension de leurs
mystères.
Quand le haut existe, le bas existe cela est indéniable
Mais quand le bien ou Dieu sont, ne peuvent être le mal ou le
diable !

*Alors Naïe, la postulante et le postulant se lèvent et parlent
ensemble*

Le groupe

Le mal est dépendant du bien pour exister en le détruisant
Mais le bien n'a pas besoin de celui-ci, cela est apaisant !
Chaque chose a besoin des différences pour pouvoir exister
Mais le bien n'a pas du tout besoin du mal pour pouvoir
subsister !

Acte X --- Naïe, le patron, les deux clients, Pessi

Naïe est debout sur une chaise de la brasserie et elle déclame
devant le patron et les deux clients

Naïe

Mesdames et Messieurs ! Venez ici clamer votre joie, vos
désirs !
Venez exalter les beautés du monde et le fond de vos doux
soupirs !
Présentez à tous, sans honte et sans crainte, les secrets de votre
cœur !
Dites à qui veut l'entendre votre bonheur au-delà des
rancœurs !

Le client n°1 monte, en extase, sur une chaise également

Le client n°1

Moi, l'un des meilleurs clients de ce lieu, je suis profondément
joyeux
Car je sais que par rapport à mon ami, je suis, en tout,
beaucoup mieux !

Le client n°2 s'empresse de monter aussi sur une chaise

Le client n°2

Moi, le meilleur client de ce lieu, j'avoue, aujourd'hui et
maintenant,
Que ce faux ami ne se lave pas et qu'il fait des bruits
étonnants,
Si vous comprenez sans expliquer plus, ce que je veux, ici,
vous dire
Et, d'ailleurs, il suffit de s'approcher de lui et de bien le
sentir !

Le client n°1 en colère

C'est faux ! Pourquoi serait-il mon ami puisqu'à l'instant,
je le renie !
Pires que les mauvaises odeurs du corps sont celles des
calomnies !
Je vais vous raconter qu'il se gratte où je ne peux pas dire, la
nuit
Et que, blattes que nous nommons cafards, comme mouches
aussi, le fuient !

Le client n° 2

Cela est fausseté ! Que croyez-vous trouver de collé
sous la table ?
Je le dis, tout ce que contenait son nez autant sale qu'une
étable !

Le patron affolé court voir sous cette table et menace

Le patron

Je vais faire plusieurs nœuds avec ses jambes tout autour
de sa tête !

Il regarde sous la table

Mais pourquoi ai-je cru une telle fadaise, suis-je autant
qu'eux bête ?

Naïe

Cessez donc ces plaisanteries et niaiseries d'enfants mal
élevés
Et faites monter au ciel les souvenirs de vos gaietés
préservées.

*Le client n°1 ne désignant qu'à la fin de ses paroles, l'autre
client*

Le client n°1

Certes ! J'entends bien. Je peux, par conséquent, laisser sortir
de ma bouche
Des paroles telles celles que ce vaurien est un vrai chasse-
mouches !

*Il saute de sa chaise et fuit hors de la brasserie, le deuxième
client le poursuivant. Ils passent à côté de Pessi qui était entré
quelque temps auparavant et qui attendait près de la porte
d'entrée.*

Pessi satisfait parle

Vous voyez comme moi que les hommes n'ont, envers
eux, aucun respect
Et qu'ils aiment s'insulter et se malmener en perturbant la
paix.

Naïe

Si mon père était là, il dirait que trompeuses sont les
apparences
Et qu'elles peuvent fourvoyer l'esprit en dehors des vraies
connaissances.
Nous jugeons souvent quelqu'un sur un seul fait dont il est
l'odieux auteur,
Sans nous donner le temps de mieux connaître ce qu'il est en
profondeur.
Mais aussi quelqu'un peut être souvent bon même s'il peut se
fâcher ;
L'art en ces affaires est de savoir percevoir ce qui est caché !
Ces deux amis se disputent, certes, mais ils s'aiment, je les
connais ;
Leur jeu n'était que de se libérer d'une tension qui les tenait.

*Soudain surgissent les deux clients par la porte d'entrée. Le
premier court autour des tables et soudain s'arrête ; le
deuxième le poursuit avec une grosse épuisette et ne parvient
pas à l'attraper. Il attrape, soudain, par erreur, le patron qui
se débat alors en colère et qui parvient à se libérer de cette
étreinte du filet. Le client n°2 s'arrête alors comme le premier
qui, lui, essaie de parler, mais aucun son ne parvient à sortir
de sa bouche qui pourtant articule des mots.*

Alors le client n°2 parle au premier en jetant à terre son épuisette

Le client n°2

Je te demande pardon ; je ne sais pas ce que j'ai dit ni pourquoi.
Si tu le veux, tu peux me pardonner et nous serons comme autrefois.

Le client n°1 retrouvant sa voix

Je te demande également pardon, car je n'ai dit que des sottises.
Si tu es d'accord, faisons la paix et pour elle, faisons-nous la bise.

Les deux clients s'approchent l'un de l'autre, s'embrassent et restent figés.

Naïe parle à Pessi en désignant les deux clients figés dans leur embrassade

Naïe

Un grand sage a dit que la valeur n'attend pas le nombre des années
Et par les leçons de mon père, cela pour moi n'est pas erroné.
Ces deux clients vous prouvent que le mal n'est pas le plus souvent majeur
Et que derrière de petits méfaits le bien n'est pas une gageure.

Pessi outré

Que faites-vous des horreurs des guerres et des sangs qu'elles
font gicler ?
Des tortures, des vols, des trahisons et de la justice bâclée ?

Naïe

Que faites-vous des missions humanitaires et de leurs
bénévoles ?
Des médecins comme des pompiers, croyez-vous cela vain ou
frivole ?

Pessi

Oubliez-vous les maladies graves et les prostitutions forcées ?
Les malveillances, les offenses et les injures des divorcés ?

Naïe

Oubliez-vous les guérisons durables, les amitiés authentiques,
Les mariages heureux, les relations conviviales ou
sympathiques ?

Pessi

Que faites-vous des miséreux et gueux créés par les pays
nantis ?
Des pauvres abandonnés loin des riches à l'esprit vraiment
petit ?

Naïe

Que faites-vous des droits de l'homme instaurés et des lois qui
les protègent ?
Des gens de bonne volonté réclamant justice dans des
cortèges ?

Pessi en colère

Et les fourberies sordides, les viols et les mensonges
désolants ?
Les monopoles, les pollutions et les malfaiteurs
partout volant ?

Naïe

Les sourires des passants, les baisers des amants et la liberté ?
Les associations qui aident les autres par leur générosité ?

Pessi très en colère

Et les amertumes, les afflictions et toutes les douleurs des
corps ?
Les dévastations insupportables, la vieillesse aussi et la mort ?

Naïe très douce

Et moi qui vous contemple en vous chérissant de ma tendre
compassion,
Je regrette que vous ne puissiez pas admettre ma
compréhension.

Pessi essaie de parler de nouveau, mais il s'arrête net, puis se retourne brusquement dépité et sort rapidement des lieux

Naïe le regarde partir, puis elle marche en baissant la tête et disparaît lentement

Acte XI --- Pessi, la prostituée, le patron

Pessi est assis, seul, à une table de la brasserie. Une femme vêtue d'une jupe très courte arrive et s'assoit à la table à côté de la sienne. Elle se maquille et soudain regarde Pessi et lui sourit. Lui demeure imperturbable. Alors elle lui parle

La prostituée

Vous avez l'air bien seul charmant homme de la brasserie.
Êtes-vous une personne taciturne ou qui sourit ?

Pessi ne répond pas

Vous êtes plutôt quelqu'un de maussade ou même hargneux,
C'est dommage ! Les gens qui sourient et s'aiment c'est
bien mieux !

Pessi ne répond toujours pas

Alors quoi ? Cela ne vous plairait-il pas un peu d'amour ?

Pessi

Je peux vous garantir, Madame, que ce n'est pas le jour !
D'ailleurs, est-ce donc Madame ou professionnelle du sexe ?
À moins que cela vous incommode ou que cela vous vexe.

La prostituée

Oh ! Maintenant que vous parlez, vous êtes désagréable !
Pourtant, depuis le début, je suis avec vous très aimable !
J'engageais simplement la conversation, un point c'est tout,
Puisqu'en ce lieu, vous l'aurez remarqué, il n'y a
que nous.

Pessi hypocrite

Bien sûr qu'en me parlant vous ne cherchez pas ma clientèle
Et vous n'êtes en ce bar, que pour boire et vous faire belle.

La prostituée hypocrite également

Oh ! Mais quel discernement et quelle perspicacité !

Pessi moqueur

Vous avez un beau vocabulaire, sans difficulté.
Donc voilà que les prostituées se cultivent maintenant.
C'est passionnant ! Que dis-je ? C'est incroyable ou étonnant !

La prostituée

Que croyez-vous Monsieur, que nous sommes des
analphabètes,
Des couchez-vous-là, débiles à baiser comme des
bêtes ?

Pessi

Pardonnez-moi, je vous en prie, je suis un peu perturbé.

La prostituée

Voilà que Monsieur fait le petit modeste, le bébé.

Pessi

Non ! Je suis vraiment désolé pour ce que je vous ai dit.
Mais je ne sais pas pourquoi vous faites un métier maudit.

La prostituée

Pour manger, pour avoir un toit sur la tête et chaud
l'hiver !
Est-ce donc étrange cela ? Ne pensez plus à l'envers !

Pessi

Vous avez l'air capable, faites un métier plus… normal.
Pas l'un de ceux qui engendrent la décadence et le mal.

La prostituée

Avant d'assurer qu'il est le mal, faisons une analyse
Et je vais tout vous dire pour qu'il n'y ait plus de méprise.
Les emplois vacants sur l'année, pour ceux qui en ont besoin,
Sont peu nombreux par rapport aux demandeurs ; tellement
moins
Que ces derniers ne peuvent trouver, chacun, un employeur,
Pour quelqu'emploi durable ou quelque statut pour eux
meilleur.
Sont choisis ceux qui sont plus beaux, plus jeunes, peu chers,
peu fiers,
Pour ne pas dire corvéables de toutes les manières.
Sont encore choisis ceux qui sont les cousins ou les frères,

Et ceux qui accepteraient de trahir leur mère ou leur père.
Bien sûr, il y a aussi ceux qui sont les plus compétents,
Mais ce ne sont pas toujours eux qui sont jugés
importants.
Alors comment pouvoir gagner un salaire suffisant,
Sans faire mon métier qui est considéré méprisant ?

Pessi

Heureusement que tous ne réagissent pas comme vous,
Sinon il y aurait beaucoup plus de mal, je vous l'avoue !

La prostituée

Parce que n'avoir pas d'argent pour vivre n'est pas le mal ?
Chaque pauvre en est réduit à vivre comme un animal.

Pessi

J'en conviens, mais est-il une raison pour agir ainsi ?
Vous dénaturez l'amour ; aussi vrai que je suis assis !

La prostituée

Préféreriez-vous que je vole ou que je tue quand j'ai faim ?
Ou que j'attende que mon corps maigrisse jusqu'à la fin ?
Voudriez-vous que je me prive de toute vie décente
Et que l'injustice rende mon existence angoissante ?

Pessi

Je sais que beaucoup de gens ne méritent par leurs richesses
Et qu'ils savent profiter des autres, avec grande adresse ;

Qui me prouve que vous n'êtes pas ce genre de personnes ?
Aidez-moi à ne plus penser de vous ce que je soupçonne !

La prostituée

Donnez-moi un travail bien payé pour correctement vivre,
Et j'écrirai sur la table que les vertus sont à suivre !

Donnez-moi le respect en tant que femme et qu'être vivant,
Pas seulement dans le livre des lois, ni celui du vent.

Enseignez aux enfants, qu'autrui est le reflet de soi-même,
Construit par le même prodigieux et naturel système.

Faites connaître à l'humanité la force créatrice,
Car elle fait battre les cœurs, sans être du mal, complice !

Apprenez à ce monde, que tout provient de sa méthode
Qui est similaire pour toutes les vies de tous antipodes ;
Son intelligence devrait animer la société
Dont nous sommes tous les cellules qui la font exister.
Cette force montre comment le monde peut perdurer
Et comment chacun de nous peut vraiment être libéré.
Voyez sa belle œuvre harmonieuse et son amour dans nos
corps,
N'est-elle pas la loi du partage et du parfait accord ?

Elle se lève

Non ! Cette loi n'est pas utilisée par les égoïstes,
Ni par les milliardaires, les dictateurs et les fascistes !
Et pourtant ils sont faits d'elle et vivent de sa perfection
Avant qu'au moins la vieillesse provoque leur perdition.

Voilà le tableau réel du monde que nous connaissons ;
Je lutte contre ce mal qui agit de maintes façons !

Alors sort des toilettes le patron, remettant encore son
pantalon et qui soudain parle.

Le patron

J'ai dû lutter durement pour vaincre ma constipation ;
Croyez-moi, j'ai dû prendre de difficiles positions.

La prostituée se rassoit et elle et Pessi, sidérés, regardent le
patron qui est satisfait de lui. Puis ils se mettent à rire et le
patron, quelque peu grincheux, s'approche d'eux et leur
demande ce qu'ils veulent boire

Le patron

Que voulez-vous pour vous désaltérer ? Que voulez-vous
boire ?

La prostituée

Je veux une boisson me faisant oublier mes déboires !
C'est-à-dire un alcool fort que je vous laisserai choisir !
Je vous en remercie, cela me fera vraiment plaisir !

Pessi

Je voudrais, pour ma part, une bière avec beaucoup de mousse
Pour trinquer à la santé de cette belle dame rousse !

La prostituée durant que le patron se dirige vers le bar

Essayons d'oublier les malheurs du monde pourtant beau !

Pessi, d'abord hésitant

Comment pourrai-je les oublier, ils me crèvent la peau ?
Ils taraudent ma conscience à m'en donner froid dans le dos ;
Ils me narguent sans cesse et me font frissonner jusqu'aux os !

La prostituée

Prenez du bon temps ; ne vous l'ai-je pas déjà proposé ?

Pessi

Non ! Je ne suis pas comme vous, j'en serai désespéré.

La prostituée

Vous n'avez donc aucun exutoire pour vous soulager ?

Pessi

Aucun ! Car par les malheurs du monde, je suis affligé.
Je suis tel un miroir reflétant les souffrances humaines ;
Accablé par les misères, les afflictions et les peines.

Le patron les sert et repart vers son bar.

Je suis un champ où ne poussent que les orties et chardons,
Qu'une sorte d'homme dont sont morts les espoirs et les dons.

Il se lève ayant bu d'un seul trait son verre et se dirige vers la porte.

La prostituée

Attention aux illusions et aux abysses des pensées !
Elles déforment souvent le présent comme le passé !

<u>Acte XII</u> --- Le père visiteur, sa fille

Le père qui s'adresse à sa fille qui est assise, l'air désinvolte,
dans un fauteuil d'une pièce de la maison

Le père

Je suis triste, ma fille, que les notes de tes études soient si
basses.
Si les cancres laissaient des empreintes, on pourrait te pister
par tes traces !
J'ai pourtant suivi à la lettre les savants conseils de
Monsieur Mitan,
Mais, toi, tu ne les as pas écoutés ou ne les as pas compris
autant !
Tu n'as pas voulu apprécier mes directives à leur juste valeur
Et tu m'as accusé d'être un mauvais père et, de ta vie, d'être
un voleur.

La fille

Tu veux toujours m'interdire ma liberté et de vivre mes
bonheurs
Et lorsque je reviens à la maison, tu vérifies toujours à quelle
heure !

Le père en colère

C'est un comportement juste, car tu ne veux rien d'autre que
t'amuser.

D'ailleurs, c'est par cela qu'en tant que père, des voisins, je
suis la risée.

La fille

Voilà pourquoi tu veux constamment que je ne m'intéresse
qu'aux études ;
C'est pour te préserver de la honte que tu veux me mettre en
servitude !

Le père

Je t'interdis de proférer des ignobles mensonges à mon sujet,
Tu ne connais même pas en tant que tendre père les soucis que
j'ai.

La fille

Un tendre père ? C'est une plaisanterie ! Tu cries toujours sur
ta fille,
Tu voles mon temps et ce qui est pire c'est que c'est mon cœur
que tu pilles !

*Le père s'approche de sa fille et fait mine de lui donner une
gifle et sa fille fait un geste pour l'éviter*

Le père

Voilà ! Au moins, tu pourras aussi m'accuser que je veux te
violenter
Autant que je cherche cruellement, à t'interdire ta liberté !

La fille, pleurant

Pourquoi veux-tu faire ça papa ? Oh ! Je suis terriblement malheureuse.

Le père contrit

Pardonne-moi ma fille, mais je refuse que tu te changes en gueuse.

La fille en pleurs

Je suis malheureuse, tu ne m'aimes pas et tu ne m'as jamais aimée.

Le père s'approche de sa fille pour la prendre dans ses bras ; elle refuse

Ne me touche pas ! Tu m'as toujours trahie ! Je suis blessée et abîmée.

Le père désespéré

Laisse-moi encore t'expliquer, je t'en supplie, c'est vraiment pour ton bien.
Laisse-moi te dire à nouveau ce qui peut être ton aide et ton soutien.
Dans les mots de la sagesse s'y trouve toujours le meilleur des secours
Si l'on veut bien y penser suffisamment et les étudier chaque jour.
Notre bonheur, nos biens et même notre corps dépendent de nos pensées.

La fille

Est-ce… Est-ce pour cela que l'on souffre de la nostalgie du
passé ?

Le père

Bien sûr, si nous ne pensons pas à nos pertes, elles ne nous
attristent point.
Ce sont nos désirs qui nous accrochent à elles et notre esprit
s'y joint.
Notre réalité est bien le monde extérieur, mais aussi nos idées.
C'est ce que je veux t'expliquer au mieux puisque plus que
tout, je veux t'aider.
Le contenu de la mémoire et du mental contrôle notre
existence
Et c'est lui que nous devons corriger, conduire et guider sans
négligence.
Pour toi, il est nécessaire que tu comprennes bien cette vérité
Car c'est de penser que le travail scolaire te prive de liberté,
Que tu ne saisis pas les immenses valeurs qu'il est pour ton
avenir
Et qu'il fait partie de l'équilibre qui te permettra de réussir.
Il te suffit de savoir qu'une partie du temps est à lui consacrer
Et qu'il est l'outil de tes libertés futures pour qu'il te soit
sacré.
Si tu regardes le temps qu'impérativement, certes, il nécessite,
Mais aussi celui qu'il laisse pour tes loisirs, ce sera
la réussite.
Si tu inspectes la jonction entre le temps qu'il te prend pour
ses besoins,
Et ce qu'il construit en toi pour ton bien prochain, tu le
négligerais moins.

Tu aurais, ainsi, une vision d'ensemble équilibrant les opposés
Et tu saurais, cette fois, que ce qui paraît envahir n'est que
dosé !
Partager n'est donc pas détruire et le plus souvent, c'est savoir
mieux construire.
En raisonnement, être fixé sur les extrémités n'est pas
s'instruire.

La fille

J'aime tant m'amuser avec mes amies qu'étudier me semblait
morbide.
Je n'en voyais pas les nombreux bienfaits pouvant éclairer
mes sombres vides.

Le père

C'est cela ma fille. Je ne voulais pas t'interdire de t'amuser ;
Je voulais vraiment faire que ta vie ne soit pas avant son
terme, usée.
Pour savourer tes loisirs, il est judicieux de savoir les limiter
Afin qu'ils te laissent aussi étudier sans te priver de liberté.
Et, plus tard, tu pourras alors obtenir la sécurité financière
Et profiter encore de tes distractions sans angoisse pécuniaire.

La fille

Je n'avais ainsi rien compris de cette lumineuse
science, mon père,
Je te demande pardon de n'avoir pas su que tout fonctionne
par paires ;
Car, de toute façon, l'existence implique des leçons à réfléchir

Afin d'apprendre comment l'on peut ne pas casser, mais
seulement fléchir ;
Autant étudier, déjà, celles qui me serviront à pouvoir mieux
vivre
Et cela, en tout cas, ne m'empêchera pas de parfois fermer
mes livres.
Je sais, maintenant, comment équilibrer mes judicieuses
analyses
Afin de ne laisser, en mon esprit, que très peu voire pas de
méprises.

Le père ému

Oh ! Ma fille ! Que je suis un heureux père et comme je suis
fier de toi !
Je suis ému, je ne peux que me taire et savourer mon immense
joie !

La fille

Puis-je venir dans tes bras, mon papa chéri, et que nous nous
serrions fort,
Comme quand j'étais petite et qu'ainsi nous nous aimions sans
faire d'effort ?

Acte XIII --- Le patron, l'homme, la femme

*Dans le parc, l'homme et la femme se promènent quand arrive
le patron du café qui, lui aussi, se promène. Il leur parle*

Le patron

Bonjour ! Je suis content car vous êtes des sages.

La femme

Nous sommes des élèves de la vie peu sages.

Le patron

Pas de baliverne, vous êtes renommés,
Reconnaissez-le, et vous êtes très aimés !
Tout le monde connaît vos grandes compétences.
Expliquez-moi s'il vous plaît ce qu'est l'existence.

L'homme d'abord hésitant

Fixés à notre sort
Par les lois de la vie ;
Dans la chair de nos corps,
Esclaves des envies !

Rivés, tels des vaisseaux,
À notre fluide sang ;
Voguant en ce ruisseau
Qui nous fait agissants !

Nous sommes là, ainsi,
Debout, face au mystère,
Ahuris et soumis
Aux pressions de la terre !

Des gens n'y pensent pas,
Encore enfants du temps,
Malgré les premiers pas
Qu'ils font depuis longtemps !

D'autres pensent pourtant
Que ce qui est l'erreur,
C'est de croire un instant
Que l'éternité leurre !

Nous sommes martelés
Par les coups du malheur
Pour être modelés
En forme de bonheur !

Écrasés et battus,
Délaissés et haïs
Sont des mots qui nous tuent,
Mais sans être trahis !

Car, pure vérité,
Nous subissons cela
Pour mieux nous obliger
À bien voir l'au-delà !

Notre existence est faite
Pour savoir que la mort
N'est pas une défaite
Mais un simple report !

Que l'amour tant voulu
Dont on croit tant dépendre,
Est, dans son absolu,
En nous seuls à comprendre !

Ce qui nous plie au sol
Nous déplie aux étoiles
Car ce qui nous désole
Nous fait lever le voile !

Alors notre conscience
Découvre l'infini
Inconnu de la science
Qui, par orgueil, le nie !

Le patron

C'est magnifique ce que vous me dites là,
Mais quel est le sens essentiel de tout cela ?

La femme

La liberté ! Celle que nous sommes bien sûr !
Écoutez ce qu'elle dit par sa pensée pure :
Vous pouvez, certes, tenter de me nier ou de me lier ;
Essayer de m'appauvrir par les gens que vous spoliez,
Ou m'interdire, m'infirmer voire me supprimer,
Je surgirai partout, en tout, toujours plus affirmée !

Vous pouvez m'écraser, ici ou là, sous votre poids,
Par les abus de vos violences et de vos faux droits,
Me faire marcher, courbée, tel Jésus portant sa croix,
Je reviendrai sans cesse et sans peur plus ferme de foi !

Vous pouvez tenter de me trahir ou de me tuer,
De m'asservir, de me nuire ou de me destituer,
De me brûler, de m'ensevelir ou de m'emmurer,
Je renaîtrai pourtant, à chaque fois mieux déterrée !

Vous pouvez m'étouffer par vos cruelles dictatures
Et m'enfermer dans les vieux coffres de vos forfaitures ;
Me détruire ou me faire taire lors de vos tortures,
Je m'exprimerai plus fort par la voix de ma nature !

Vous pouvez vouloir me faire expier vos propres péchés,
Me diminuer, m'amputer ou même me trancher,
Me faire périr en m'altérant de plusieurs façons,
Je durcirai de plus en plus comme l'eau en glaçon !

Car je suis dans l'espace, les arbres et les oiseaux
Dans le vent, dans les fleurs, les nénuphars et les roseaux ;
Je suis dans tout être, dans les rivières et dans le temps,
Dans l'été, dans l'automne, dans l'hiver et le printemps !
Car je suis dans les espoirs, dans les regards, dans les corps,
Dans tous les lieux, à l'infini, au sud, est, ouest et nord ;
Je suis dans les amours, dans l'homme et aussi dans la femme,
Dans le souffle de chacun et à l'intérieur des âmes !
Car je suis la force en tout, aux pouvoirs illimités ;
Je suis l'existence et la vie, je suis la Liberté !

Le patron

C'est vrai, je sens sa… puissance en moi, sa lumière.
Elle habite mon esprit comme mes prières.
Mais c'est difficile de savoir qui je suis,
Pourrais-je un jour libérer mon cœur de la nuit ?

L'homme

Dans les souffles des vents et les sillons de la matière
Où furent semées les étincelles de la lumière.

La femme

Dans le temps de la vie et l'air de la force vitale
Où furent fixées les origines sentimentales.

L'homme

Dans les hôtels cosmiques où s'endorment les néants,
Où sont logés leurs abîmes éternels et béants.

La femme

Dans les mers galactiques où évoluent les spirales,
Où fut puisée l'éclatante peinture des étoiles.

L'homme

Dans la trame de l'amour où Dieu guida la navette,
Où furent tissées les lois pour faire penser les têtes.

La femme

Dans le Un devenu deux pour bannir l'isolement,
Où fut ordonnée la communion par le jugement.

L'homme

Dans les veines divines où coule le sang du temps,
Où fut créée la sève blanche de tous les printemps.

La femme

Dans les ports de l'espace où s'amarrèrent les planètes,
Où règnent les soleils tels des phares guidant les quêtes.

L'homme et la femme

Et dans l'infinité des pouvoirs divins absolus
D'où ne furent pas tous écrits les livres saints tant lus,
Tu es né sur cette terre, comme nous-même aussi,
Pour chanter la mélodie de l'âme du do au si !

*Le patron secoue la tête de compréhension, tout en
réfléchissant, remercie silencieusement l'homme et la femme
et s'en va pensif*

Acte XIV --- Le patron, les deux clients, la prostituée, Naïe, Mitan, Pessi

La brasserie. Le patron lave des verres au bar. Les deux clients sont assis à une table. La prostituée est assise à une autre table. Naïe joue avec des jetons à une table près du bar. Mitan est debout devant le bar. Quelques instants passent et Pessi entre dans la brasserie ; il regarde fixement Mitan et s'arrête devant lui à quelques mètres. Les deux hommes s'observent, Mitan souriant et Pessi le visage crispé. Les autres les regardent s'observer ainsi plusieurs instants encore. Le client n°1 se lève et fait face à Pessi en lui faisant des grimaces, mais Pessi demeure imperturbable. Le client retourne à sa place et c'est l'autre client qui fait de même, mais en faisant des pitreries plus exubérantes ! Pessi demeure imperturbable. Chacun est silencieux. Soudain, Mitan parle

Mitan

Je vous attendais pour vous aider à vous équilibrer.

Pessi

Gardez pour d'autres vos conseils envers ma vie délabrée.

Mitan

Chacun d'entre nous est responsable de son existence ;
C'est vous qui élaborez de votre malheur, sa substance.

Pessi contestant

Parce que je suis l'auteur des horreurs et des injustices ?

Mitan

Parce que vous causez vos blessures et vos cicatrices.

Pessi

Ce n'est pas moi qui cause les tourments de l'humanité !

Mitan

Vous êtes le miroir faux ou vrai de sa réalité.

Pessi

Je ne suis conscient que de ce qui existe, un point c'est tout !

Mitan

Que dites-vous alors de la sombre conscience d'un fou ?

Pessi

Qu'elle déforme ce qui est vrai pour son obscur esprit !

Mitan

N'est-ce donc pas vous-même qui, dans une erreur, êtes pris ?

Pessi

Non, je ne pense pas être prisonnier de celle-ci !

Mitan

Si un fou est trop confus, est-ce à cause du monde aussi ?

Pessi

Le fou s'est extrait de la raison et des réalités !

Mitan

Croyez-vous que tous vos jugements sont faits de vérité ?

Pessi après un silence, troublé

Non, je vous l'avoue ; mais vous-même, pensez-vous tout
savoir ?

Mitan

Non, mais je sais que la dualité est ce qu'il faut voir !

Pessi

Cela suffit-il pour arrêter de souffrir de chagrins ?

Mitan

Cela permet que germent de votre sagesse, les grains.

Naïe

> Si vous comparez la réalité et vos analyses,
> Vous verrez toutes leurs divergences qui vous tyrannisent.

Le client n°1

> Vous constaterez que l'on ajoute à tout, les émotions
> Et de même, les idées préconçues et les convictions !

Le client n°2

> Ainsi, nous projetons nos peurs, nos doutes et notre orgueil
> Sur la vérité des choses, sans pouvoir franchir son seuil.

Le patron

> Selon les perceptions des gens, les émois sont différents.
> Ce que nous observons est donc notre reflet qu'il nous rend.

La prostituée

> Beaucoup sont ceux qui désormais comprennent ces vérités,
> En voyant bien la part des choses ici explicitée.

Pessi

> Je sais que je ne vois pas tout, mais je vois ce que je vois.

Mitan

Les tourments existent pour inciter à changer de voie.

Pessi

Comment puis-je nier les souffrances et les nombreux
malheurs ?

Mitan

Les nier n'est pas judicieux, mais ne voir qu'eux, nie le
bonheur.

Pessi

Mais accepter le bien ne détruit pas le mal et est vain !

Mitan

Cela est faux, car l'eau rend plus claire la couleur du vin !

Pessi

Et que dois-je penser des gens qui agissent par méfaits ?

Mitan

Ne pas oublier que le pouvoir d'évolution nous fait.

Pessi

Et que dois-je faire dans ce tumulte qui me secoue ?

Mitan

Accepter son opposé et ne pas rendre coup pour coup.

Pessi

Dans le cas où je serais en danger voire menacé ?

Mitan

Si le danger agit, il faut éviter d'être blessé.

Pessi

Mais que faire contre ceux qui sont obsédés par l'argent ?

Mitan

Ne pas croire que n'existe que cette sorte de gens !

Pessi

Je le crois, car je ne vois que ce genre d'individus.

Mitan

Que pensez-vous donc de moi, suis-je cupidement perdu ?

Pessi demeurant quelques instants, perplexe

Je sais… Je reconnais que vous n'êtes pas de cette espèce.

Mitan

Enfin, votre obsession du mal cette fois, sûrement, cesse !

Pessi

Ce n'est pas vrai ! Impossible ! Je refuse ce mensonge !

Mitan

Tentez de savoir pourquoi vos maux perdurent et vous rongent.

Pessi

La voie du milieu oubliée ! Voir les deux côtés des faits.

Mitan

Oui ! Bien sûr ! L'extérieur et l'intérieur que vous avez faits !

Pessi reste silencieux, pensif, en grande réflexion puis parle

Pessi

Je vois… Je vois quelque chose, mais trop difficile à croire !

Mitan

Démystifiez l'erreur qui vous submerge de désespoir.

Pessi

Pour quoi faire ? Pour ne toujours demeurer que dans le noir ?

Mitan

Ne vous laissez point vaincre par l'appât qu'est votre
mémoire !

Pessi qui tombe à genoux en pleurant

Je ne croyais qu'au mal afin d'en dire mon désaccord,
Pour le grand plaisir de le refuser toujours et encore.

Pessi se relève et prend dans ses bras Mitan qui conclut

Mitan

L'union, en tout, de tout sauve tout ! C'est la loi de l'amour !

FIN DE LA PIÈCE
****